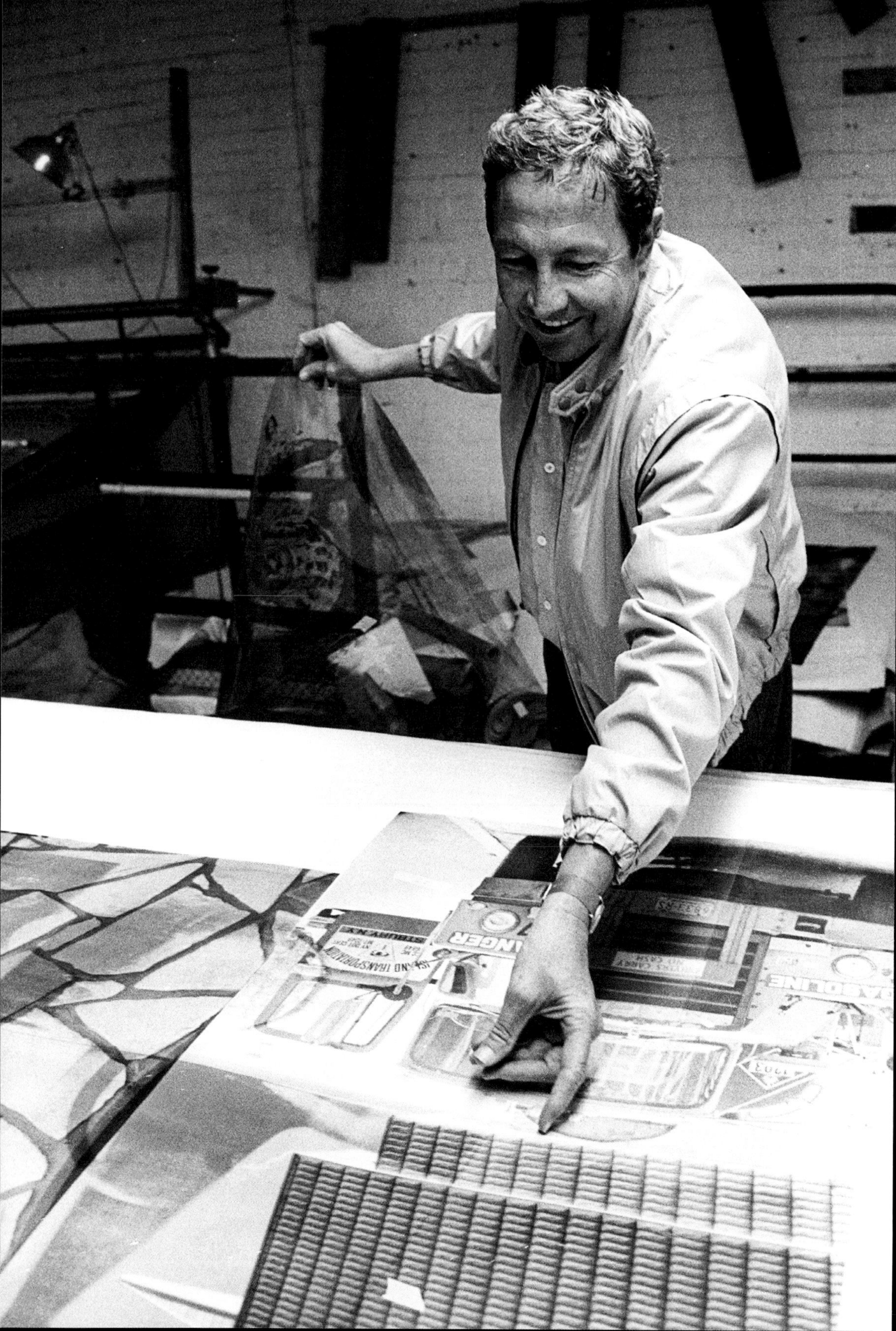

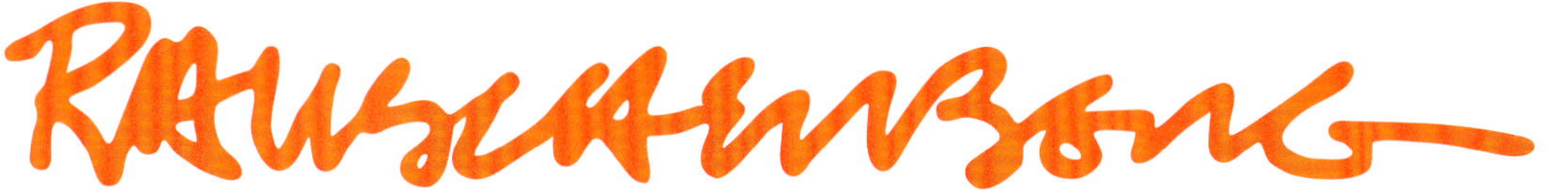

Rauschenberg e il Novecento / and the Twentieth Century

SilvanaEditoriale

900

Questo volume viene pubblicato
in occasione della mostra
Rauschenberg e il Novecento /
This volume is published
on the occasion of the exhibition
Rauschenberg and the Twentieth Century

a cura di / curated by
Gianfranco Maraniello,
Nicola Ricciardi,
con / with Viviana Bertanzetti

Museo del Novecento
Milano, 5 aprile - 29 giugno 2025 /
Milan, April 5–June 29, 2025

Produzione / Production
Museo del Novecento,
Arte Totale

Project Management
Eleonora Molignani

Trasporti / Shipping
MuseumsPartner

Assicurazione / Insurance
Lloyd's

Progetto grafico / Graphic Design
Lorenzo Mason Studio

Fotografie di / Photos by
Studio Marco Bertoli

Comunicazione / Communication
Lara Facco P&C

Realizzata con il supporto di / Realized with the support of
Fiera Milano
Marazzi Group

Si ringrazia / Thanks to
The Robert Rauschenberg
Foundation, Thaddaeus Ropac,
London, Paris, Salzburg, Milan,
Seoul

Questa mostra non sarebbe stata
possibile senza l'aiuto di /
This exhibition would not have
been possible without the help of
José Castañal, Markus Kormann,
Valentina Gervasoni, Massimo
Mirtani, Camilla Invernizzi,
Erica Galvan, Giuseppe Losciale,
Federica Galgani e tutte le
persone che preferiscono
rimanere anonime /
and all the people who prefer
to remain anonymous.

RAUSCHENBERG100

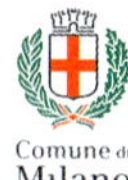

Comune di Milano

Sindaco / Mayor
Giuseppe Sala

Assessore alla Cultura / Councillor for Culture
Tommaso Sacchi

Direttore Cultura / Head of Culture
Domenico Piraina

Responsabile Supporto Strategico Direzione Cultura / Head of Culture Strategic Support
Caterina Concone

Ufficio Stampa / Press Office
Elena Maria Conenna

Area Musei d'arte moderna e contemporanea

Direttore / Director
Gianfranco Maraniello

Responsabile Coordinamento Amministrativo / Administration Manager
Renato Rossetti

Sponsorizzazioni e Acquisizioni / Sponsorship and Acquisitions
Stefania Audenino

Amministrazione / Administration
Tiziano Barbieri
Emanuele Beda
Elisabetta Ciccarelli
Adriana Ferrante
Andrea Manti
Rosa Pisani

Comunicazione / Communication
Rossella Molaschi

Segreteria / Secretariat
Maria Elena Pizzi

Custodia / Invigilators
Ufficio Comando Custodi

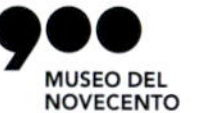

Museo del Novecento

Direttore / Director
Gianfranco Maraniello

Conservatrice Responsabile / Chief Curator
Iolanda Ratti

Conservatrice / Curator
Valentina Plebani

Ufficio prestiti, Archivi e Biblioteca / Loan office, Archives and Library
Chiara Ceccutti
Maria Grazia Conti
Gloria Danelli
Margherita Scirpa
Gabriella Zampino

Eventi / Events
Anna Maria Falcone
Giulia Mordivoglia

Servizi Educativi / Educational
Maria Elena Santomauro

Servizio civile / Interns
Lodovica Cesaretti
Sara Gravina

Giuseppe Sala
sindaco di Milano

Nel centenario della nascita il Museo del Novecento dedica a Robert Rauschenberg un originale progetto espositivo che raccoglie opere importanti. La mostra è una delle più prestigiose iniziative organizzate nel contesto della Art Week milanese e della 29ª edizione di *miart*, la fiera internazionale d'arte moderna e contemporanea che quest'anno è dedicata proprio all'artista americano.
Nelle sale dell'Arengario, le opere di Rauschenberg sono esposte in un ideale dialogo con i capolavori che compongono la collezione del museo, creando un percorso fatto di rimandi, di confronti, di allusioni, di citazioni. A fare da contraltare a ciascuna delle opere di Rauschenberg, infatti, ci sono i lavori di grandi maestri, esponenti delle principali tendenze dell'arte italiana del XX secolo, da Giacomo Balla a Carlo Carrà, da Alberto Burri a Mario Schifano, fino a Maurizio Cattelan. La mostra rappresenta un'occasione unica per i milanesi e i visitatori della città di accostarsi all'opera di uno degli artisti più importanti del panorama internazionale della seconda metà del Novecento, esponente della corrente New Dada e figura emblematica della transizione dall'arte moderna a quella contemporanea. Particolarmente suggestivi i temi al centro della ricerca di questo artista statunitense: l'apertura al mondo, l'interdisciplinarità, l'impegno per il dialogo e, non ultima, un'attenzione speciale verso tematiche sociali come la tutela dell'ambiente e la critica al sistema consumistico, che rende la sua opera decisamente attuale. Milano si è solidamente affermata come luogo aperto all'espressione e all'affermazione delle correnti culturali e artistiche più innovative, e la mostra *Rauschenberg e il Novecento* ribadisce questa vocazione che fa della città uno dei maggiori poli internazionali dell'arte moderna e contemporanea.

Giuseppe Sala
mayor of Milan

On the centenary of his birth, the Museo del Novecento pays tribute to Robert Rauschenberg with an original exhibition project featuring a selection of important works. It stands as one of the most significant events organized on the occasion of Milan "Art Week" and the 29th edition of *miart*, the international fair of modern and contemporary art that is dedicated to the American artist this year. In the halls of the Arengario, Rauschenberg's works are thoughtfully juxtaposed with the masterpieces from the Museum's permanent collection, creating an exhibition itinerary marked by echoes, comparisons, allusions, and cross-references. Each of Rauschenberg's pieces is paired with works by major masters of 20th-century Italian art movements, from Giacomo Balla to Carlo Carrà, from Alberto Burri to Mario Schifano, up to Maurizio Cattelan. The exhibition offers a unique opportunity for anyone living in or visiting Milan to engage with the work of one of the most influential international artists of the second half of the 20th century, a key figure of New Dada who played a crucial role in the transition from modern to contemporary art. The themes at the heart of the American artist's practice remain particularly impressive: a global outlook, interdisciplinarity, a commitment to dialogue and, not least, a deep concern for social issues, such as environmental protection and critique of consumerism, which make his work distinctly relevant today. Milan has firmly established itself as a city open to the expression and recognition of the most innovative cultural and artistic movements, and the exhibition *Rauschenberg and the Twentieth Century* reaffirms this vocation, which positions the city as one of the leading international centers for modern and contemporary art.

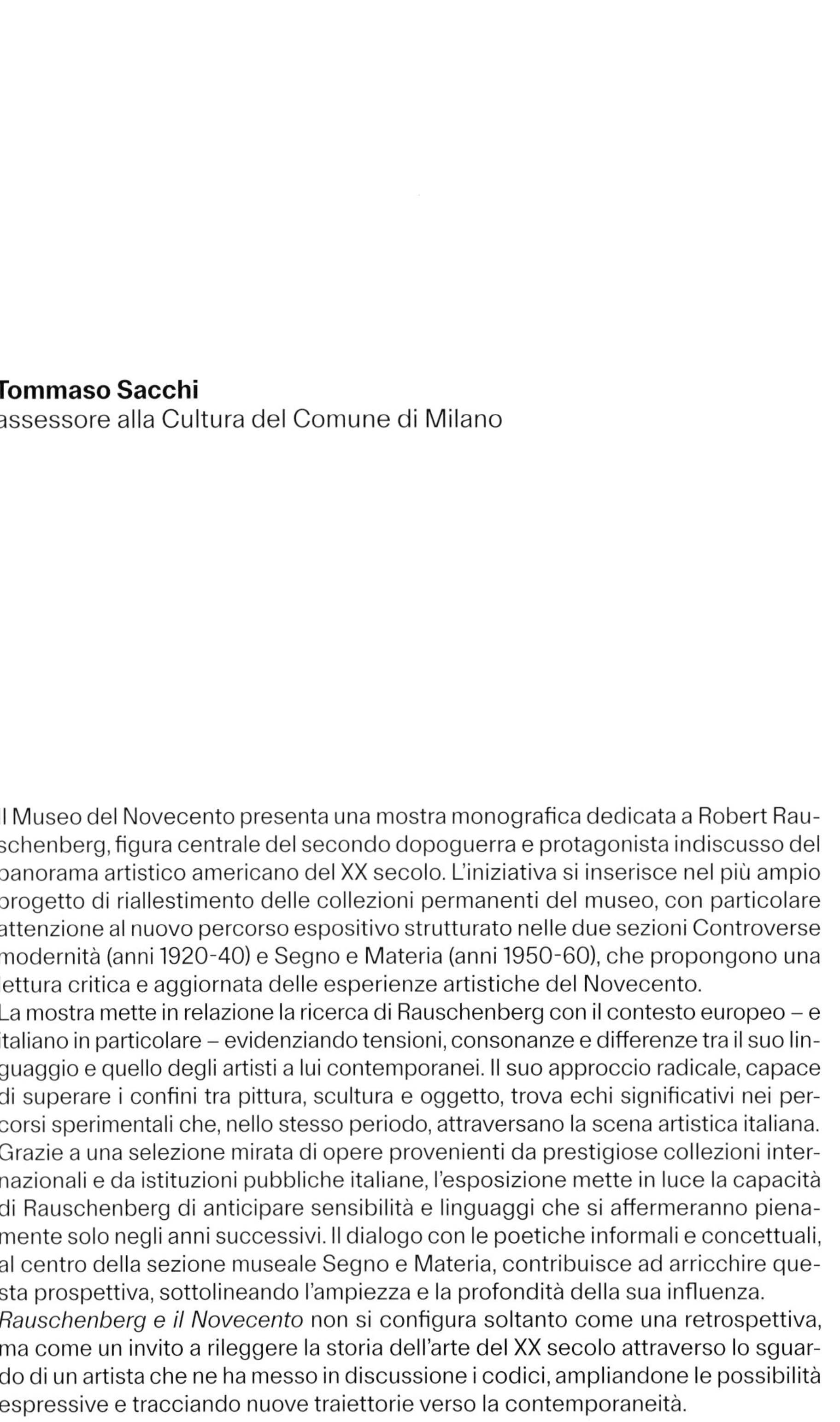

Tommaso Sacchi
assessore alla Cultura del Comune di Milano

Il Museo del Novecento presenta una mostra monografica dedicata a Robert Rauschenberg, figura centrale del secondo dopoguerra e protagonista indiscusso del panorama artistico americano del XX secolo. L'iniziativa si inserisce nel più ampio progetto di riallestimento delle collezioni permanenti del museo, con particolare attenzione al nuovo percorso espositivo strutturato nelle due sezioni Controverse modernità (anni 1920-40) e Segno e Materia (anni 1950-60), che propongono una lettura critica e aggiornata delle esperienze artistiche del Novecento.

La mostra mette in relazione la ricerca di Rauschenberg con il contesto europeo – e italiano in particolare – evidenziando tensioni, consonanze e differenze tra il suo linguaggio e quello degli artisti a lui contemporanei. Il suo approccio radicale, capace di superare i confini tra pittura, scultura e oggetto, trova echi significativi nei percorsi sperimentali che, nello stesso periodo, attraversano la scena artistica italiana.

Grazie a una selezione mirata di opere provenienti da prestigiose collezioni internazionali e da istituzioni pubbliche italiane, l'esposizione mette in luce la capacità di Rauschenberg di anticipare sensibilità e linguaggi che si affermeranno pienamente solo negli anni successivi. Il dialogo con le poetiche informali e concettuali, al centro della sezione museale Segno e Materia, contribuisce ad arricchire questa prospettiva, sottolineando l'ampiezza e la profondità della sua influenza.

Rauschenberg e il Novecento non si configura soltanto come una retrospettiva, ma come un invito a rileggere la storia dell'arte del XX secolo attraverso lo sguardo di un artista che ne ha messo in discussione i codici, ampliandone le possibilità espressive e tracciando nuove traiettorie verso la contemporaneità.

Tommaso Sacchi
councillor for Culture of the Municipality of Milan

The Museo del Novecento presents a monographic exhibition dedicated to Robert Rauschenberg, a central figure in post-war art and undisputed protagonist of the American scene in the 20th century. The initiative is part of a broader project to rethink the museum's permanent collections, with a specific focus on a new display comprising the sections Controversial Modernities (1920s–40s) and Sign and Matter (1950s–60s), which provide a critical and updated interpretation of the artistic experiences of the 20th century.
The exhibition contextualizes Rauschenberg's research in the European context—specifically the Italian one—underscoring tensions, consonances, and differences between his language and that of contemporary artists. His radical approach, capable of traversing the boundaries between painting, sculpture, and objects, is significantly echoed in the experimental paths that marked the Italian scene of the same period.
Through a targeted selection of artworks from prestigious international collections and Italian public institutions, the exhibition highlights Rauschenberg's ability to anticipate the sensibilities and languages that would fully assert themselves in years to come. The dialog between informal and conceptual poetics at the center of the museum section Sign and Matter, further informs this perspective, underscoring the breadth and depth of its influence.
Rauschenberg and the Twentieth Century is not only a retrospective, but a call to re-examine 20th-century art history through the eyes of an artist who questioned its codes and expanded its expressive possibilities, creating new trajectories toward the contemporary.

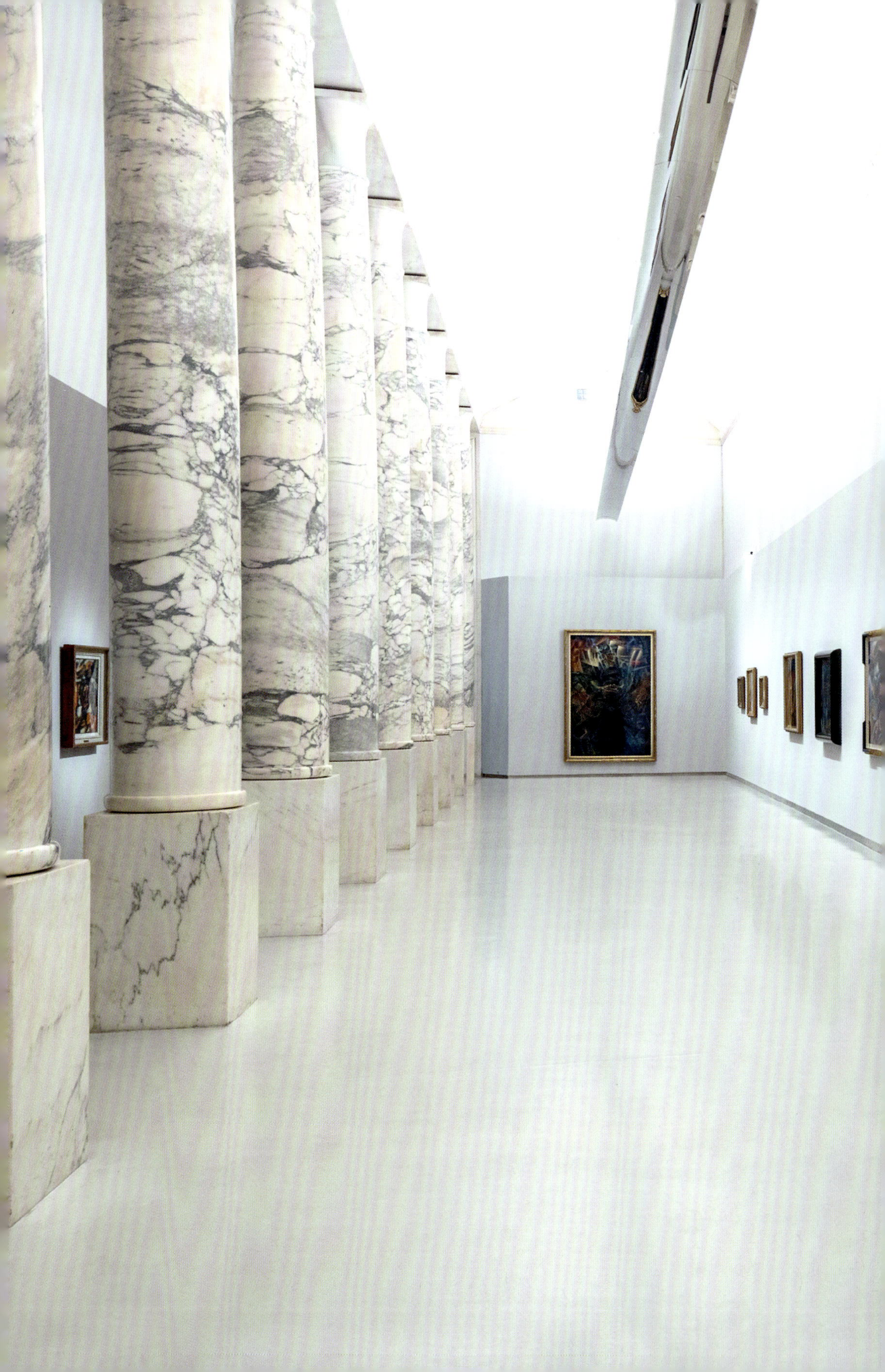

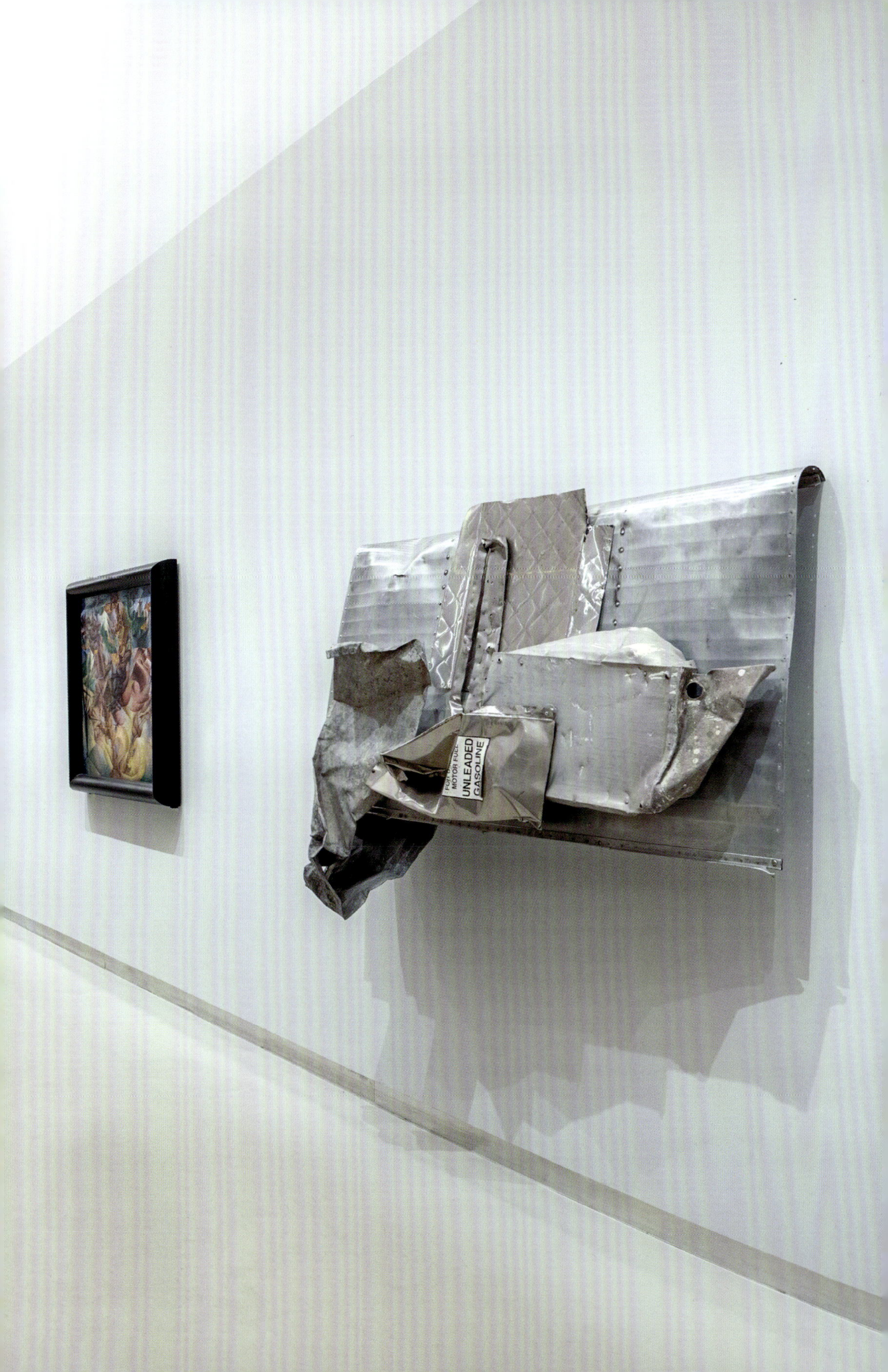
MOTOR FUEL
UNLEADED
GASOLINE

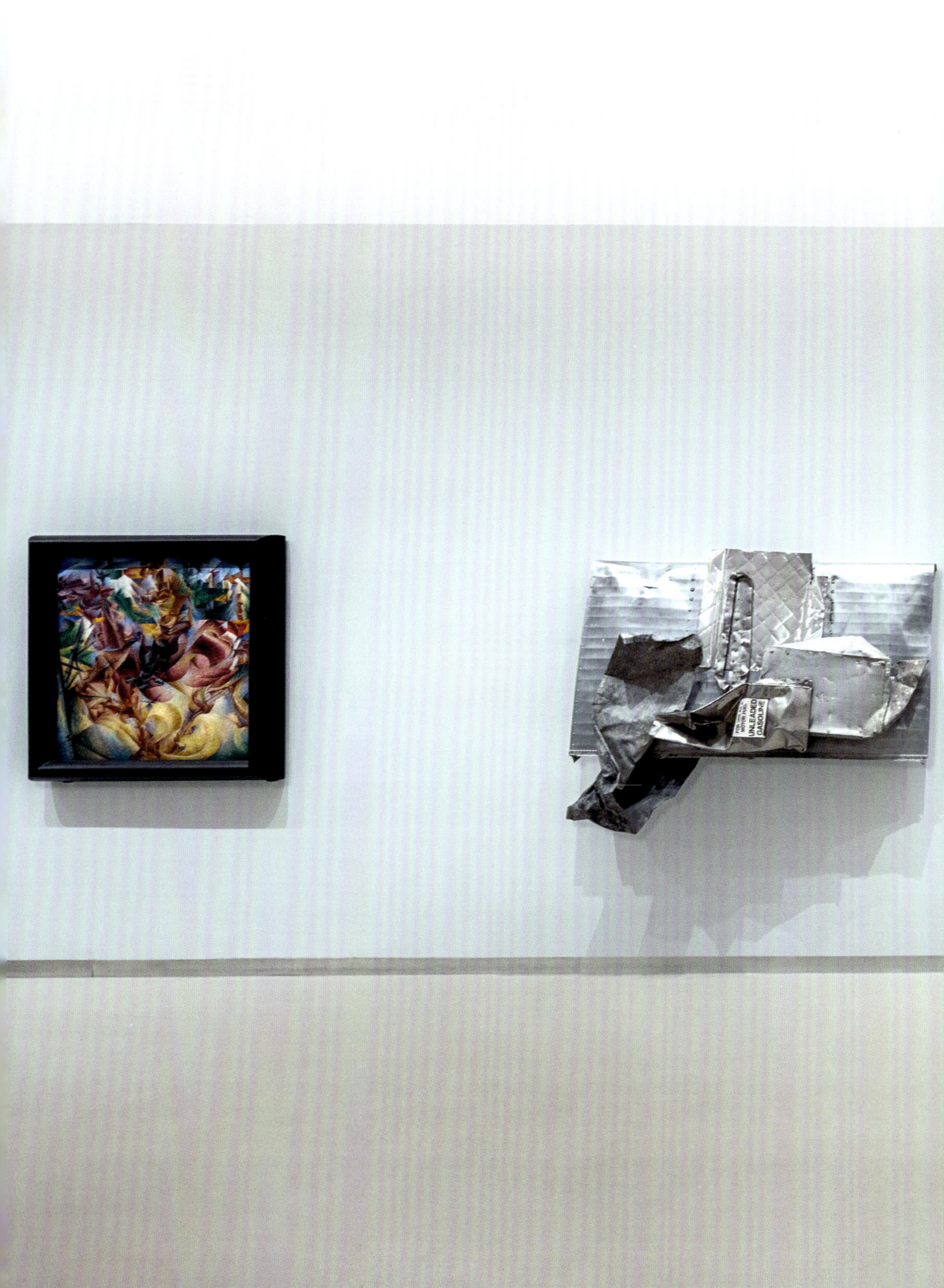
MOTOR FUEL
UNLEADED
GASOLINE

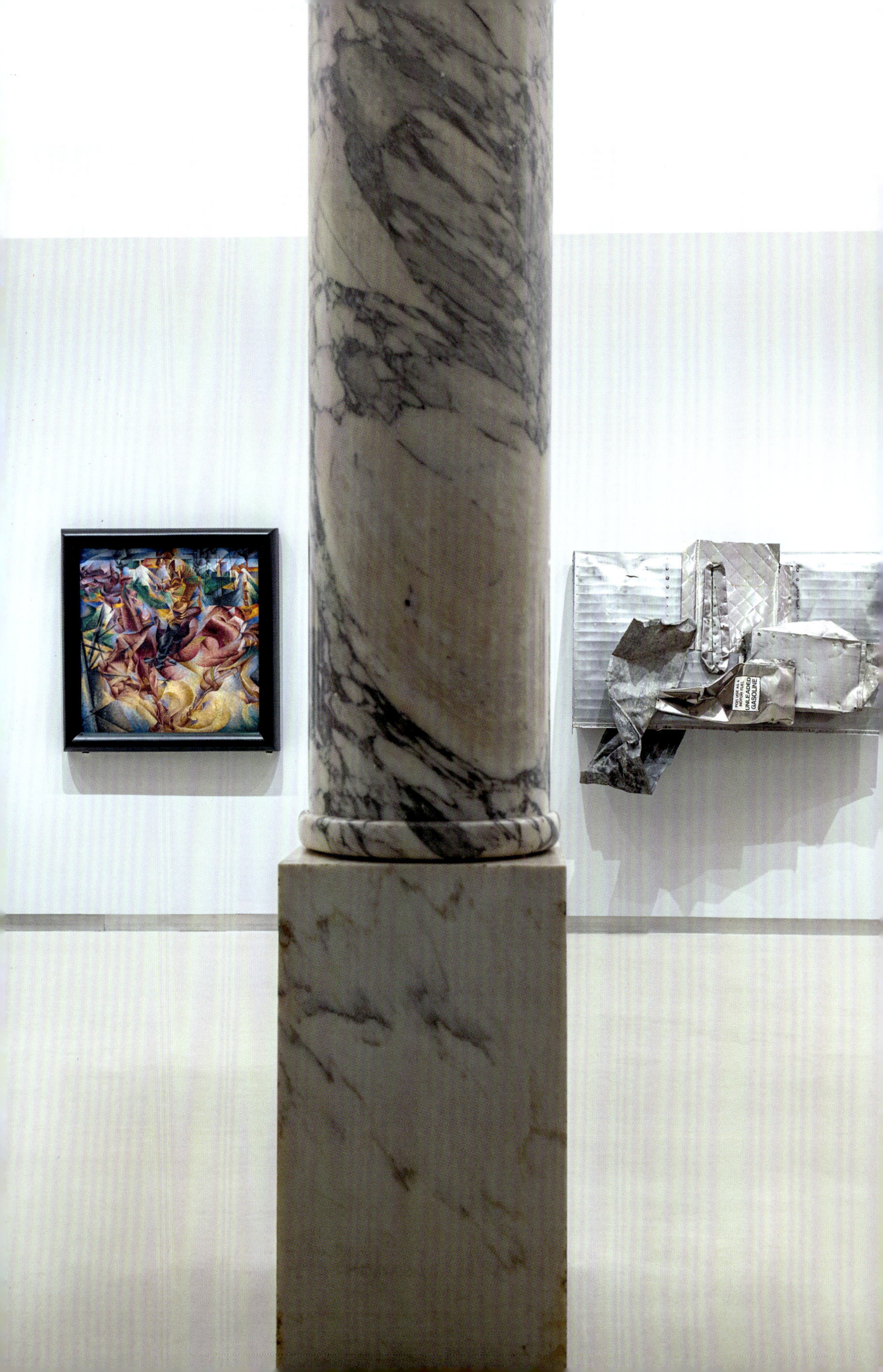
FOR USE AS A
MOTOR FUEL
UNLEADED
GASOLINE

sommario contents

testi critici critical essays

apparati appendix

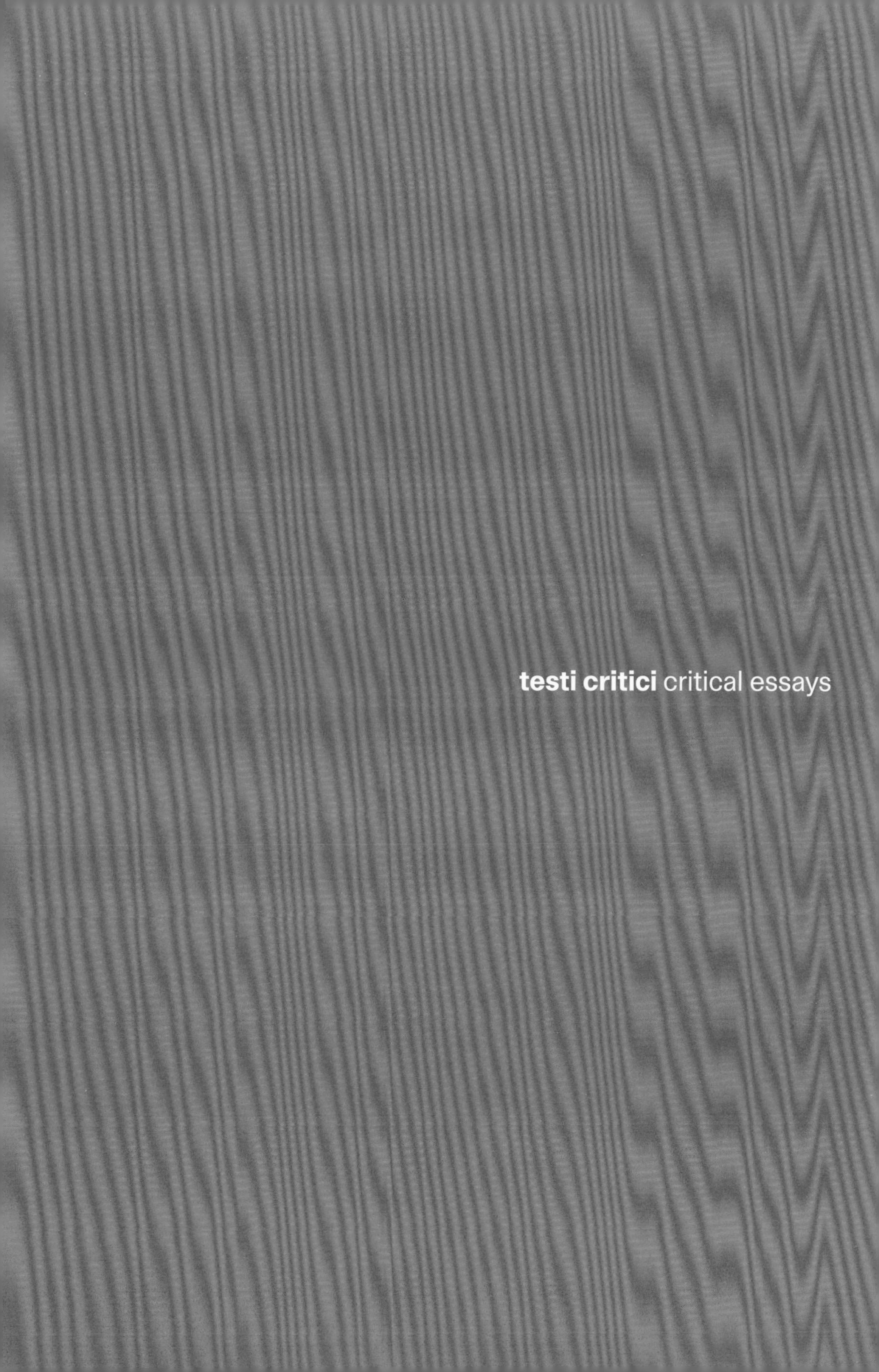

testi critici critical essays

Premessa: Rauschenberg in Italia

Julia Blaut

In un modo o nell'altro, Robert Rauschenberg è sempre tornato in Italia, sia di persona che attraverso riferimenti nelle sue opere, e il centenario della sua nascita non fa eccezione. *Rauschenberg e il Novecento* dà il via a un anno entusiasmante di attività globali che riesaminano l'eredità dell'artista attraverso nuove interpretazioni e mettono in evidenza il suo dialogo profondo e duraturo con generazioni di artisti e sostenitori del progresso sociale.

L'esposizione presso il Museo del Novecento intreccia le opere di Rauschenberg con quelle dei grandi pittori e scultori italiani del XX secolo, articolando, visivamente, una scintilla tra Rauschenberg, l'Italia e l'arte italiana. L'artista texano, infatti, si trovava in piena sinergia non solo con il paese in sé, ma anche con i suoi artisti sia delle generazioni precedenti sia suoi contemporanei. Sebbene le opere esposte differiscano notevolmente in termini di stile e retorica filosofica, emergono temi comuni che spaziano dall'industrializzazione all'esplorazione della materialità. Attraverso un'attenta giustapposizione delle opere, *Rauschenberg e il Novecento* illustra in modo significativo un dialogo creativo internazionale.

Il viaggio di Rauschenberg in Italia nel 1952, insieme al collega Cy Twombly, fu il primo di molti e forse il più determinante. Rauschenberg aveva ventisei anni e Twombly ventiquattro, e quello che per i due giovani fu un soggiorno di sette mesi produsse effetti che si riverberarono su tutta la loro vita. Rauschenberg e Twombly si erano conosciuti all'inizio del 1951 all'Art Students League di New York, quando entrambi erano ormai profondamente radicati nella corrente dell'Espressionismo Astratto. Quell'estate, Rauschenberg tornò con Twombly al Black Mountain

Foreword: Rauschenberg in Italy

Julia Blaut

One way or another, Robert Rauschenberg always returned to Italy—either in person or through references in his artwork. The centennial of his birth is no exception. *Rauschenberg and the Twentieth Century* kicks-off an exciting year of global activities in celebration of Rauschenberg's 100th birthday that reexamine the artist's legacy through new lenses, highlighting his wide-reaching and enduring dialog with generations of artists and advocates for social progress.

The installation at the Museo Novecento weaves Rauschenberg's works into galleries with the great Italian painters and sculptors of the 20th century, visually articulating the spark between Rauschenberg, Italy, and Italian art. For the Texas-born artist, it was not only the country itself, but also its artists—both earlier generations and his contemporaries—with whom he found synergy. While the artworks exhibited differ widely in terms of style and philosophical rhetoric, shared themes emerge, ranging from industrialization to explorations of materiality. Through careful artwork juxtapositions, *Rauschenberg and the Twentieth Century* meaningfully elucidates an international creative dialog.

Rauschenberg's trip to Italy in 1952, with fellow artist Cy Twombly, was the first of many, and perhaps the most defining. He was twenty-six and Twombly twenty-four, and what was a seven-month sojourn for two young men had effects that reverberated for a lifetime. Rauschenberg and Twombly had met in early 1951 at the Art Students League in New York, with both artists becoming fully entrenched in the prevailing mode of Abstract Expressionism. That summer, Rauschenberg returned—this time with Twombly—to the experimental Black

College, un istituto sperimentale nel North Carolina, dove ampliarono la loro pratica artistica. Fu la borsa di studio del Virginia Museum of Fine Arts a finanziare il viaggio in Italia dei due artisti. Quando stavano per salpare da New York alla volta dell'Europa, Rauschenberg si chiese se dedicarsi completamente alla pittura o alla fotografia e, optando per la seconda, portò con sé solo una Rolleiflex di seconda mano. All'arrivo, Twombly era ossessionato dall'idea di visitare la città e ammirare i grandi monumenti di Roma, la città in cui avrebbero fatto base durante il soggiorno italiano. A quanto pare, Rauschenberg doveva invece essere trascinato nei musei e preferiva le scene di strada: era un *flâneur* che setacciava la città e i mercatini delle pulci alla ricerca di oggetti di uso quotidiano, come piume di uccelli e vecchi dizionari, che poi incorporava nella sua arte per rivelare lo straordinario nell'ordinario.

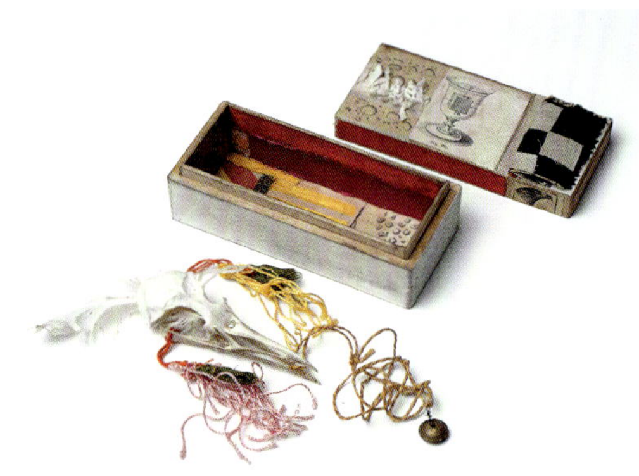

Robert Rauschenberg, *Untitled* (*Scatole e Feticci Personali*), circa / ca. 1952, scatola di legno dipinto e coperchio con riproduzioni a stampa, tessuto, carta stampata, nastro, fotografia e carta contenente teschio di uccello con filo, spago, piume, nappe, campanella di metallo e strass / painted wood box with lid with printed reproductions, fabric, printed paper, ribbon, photograph, and paper, containing bird skull with thread, twine, feathers, tassels, metal bell, and rhinestone, 5,4 × 11,9 × 4,4 cm (scatola chiusa / closed). Houston, The Menil Collection

Non sorprende che Rauschenberg non sia riuscito a limitarsi a un solo mezzo espressivo durante il suo soggiorno all'estero: oltre alle fotografie, realizzò infatti sculture e collage con materiali di recupero. Visti i limiti imposti dagli spostamenti, queste opere formative sono di dimensioni compatte. *Scatole e Feticci Personali* (1952-53), ovvero piccole scatole e feticci appesi che gli valsero la sua prima mostra personale in Europa alla Galleria dell'Obelisco di Roma nel marzo del 1953. Gli assemblaggi si rivelarono precursori delle opere di maggior successo, i *Red Paintings* (1953-54) e i Combines (1954-64), che iniziò subito dopo essere tornato a New York nella primavera dello stesso anno.

Le *Scatole Personali* – una delle quali Rauschenberg, artista ormai affermato, regalò ad Alberto Burri quando questi gli fece visita nel suo studio di via Margutta – dimostravano la filosofia, che Rauschenberg avrebbe articolato nel 1959, secondo la quale il suo lavoro "si riferisce sia all'arte che alla vita"[1]. Queste piccole scatole introdussero metodi e motivi che sarebbero rimasti pietre miliari nella produzione artistica di Rauschenberg per il resto della sua carriera: la giustapposizione di immagini riprodotte meccanicamente e gesto manuale; l'integrazione di oggetti banali nel contesto artistico; l'invito alla collaborazione del pubblico attraverso la manipolazione attiva o l'interpretazione delle opere. Descrivendo le *Scatole* nella sua dichiarazione per la mostra alla Galleria dell'Obelisco, Rauschenberg affermò: "L'ordine e la logica delle disposizioni [all'interno delle scatole] sono creazione diretta dello spettatore"[2].

L'accoglienza riservata alle prime opere di Rauschenberg in Italia fu contrastante. Quando le *Scatole* e i *Feticci* furono esposti una settimana più tardi alla Galleria d'Arte Contemporanea di Firenze, la recensione dello storico dell'arte Carlo Volpe

1 Dichiarazione di Rauschenberg, in *Sixteen Americans*, a cura di Dorothy C. Miller, catalogo della mostra, The Museum of Modern Art, New York 1959, p. 58.

2 Dichiarazione dattiloscritta, con note manoscritte, di Robert Rauschenberg per la mostra *Bob Rauschenberg: Scatole e Feticci Personali* (Roma, Galleria dell'Obelisco, 3-10 marzo 1953), 1953. Robert Rauschenberg papers. Robert Rauschenberg Foundation Archives, New York.

Mountain College in North Carolina, where their practices expanded. It was Twombly's travel fellowship from the Virginia Museum of Fine Arts that funded the pair's Italian excursion.

As they set sail from New York to Europe, Rauschenberg deliberated whether to dedicate himself fully to painting or to photography. He decided to focus on his camera work, bringing only a secondhand Rolleicord. Upon arrival, Twombly was fixated on sightseeing and taking in the great monuments of Rome, the city that provided their Italian base. For his part, Rauschenberg reportedly had to be dragged to museums and preferred the sights encountered at street level. He was the *flâneur*, combing the city and flea markets for such everyday objects, as bird feathers and old dictionaries, incorporating these into his art to reveal the extraordinary within the ordinary.

Unsurprisingly, Rauschenberg was unable to limit himself to only one medium during his time abroad. In addition to his photographs, he made sculptures and collages from found materials. Due to the constraints of travel, these formative works were compact in scale. His *Scatole e Feticci Personali* (1952–53), small personal boxes and hanging fetishes, earned him his first solo exhibition in Europe at Rome's Galleria dell'Obelisco in March 1953. His assemblages proved prescient for his breakthrough works, the *Red Paintings* (1953–54) and Combines (1954–64), begun soon after his return to New York that spring.

Robert Rauschenberg, *Pilgrim*, 1960, Combine: olio, grafite, carta, carta stampata e tessuto su tela, con sedia in legno dipinto / oil, graphite, paper, printed paper, and fabric on canvas, with painted wood chair, 201,3 × 136,8 × 47,3 cm. Collezione privata / Private collection

The *Scatole Personali*—one of which Rauschenberg gave to Alberto Burri when he visited the already established artist in his Via Margutta studio—demonstrated the philosophy that Rauschenberg would articulate in 1959, that his work "relates to both art and life."[1] These small boxes introduced methods and motifs which would remain cornerstones of his artmaking for the rest of his career—the juxtaposition of mechanically reproduced imagery and handmade gesture; the integration of mundane objects into the context of art; and the invitation to his audience to collaborate either by active manipulation or by interpretation of the artworks. Describing the *Scatole*, in his artist's statement for the Obelisco exhibition, Rauschenberg wrote that: "The order and logic of the arrangements [within the boxes] are the direct creation of the viewer."[2]

The reception of Rauschenberg's earliest work in Italy was mixed. When the same *Scatole* and *Feticci* were exhibited a week later at the Galleria d'Arte

---

1 Rauschenberg, statement in Dorothy C. Miller (ed.), *Sixteen Americans*, exhibition catalog (New York: The Museum of Modern Art, 1959), 58.

2 Robert Rauschenberg's typed statement with handwritten edits for the exhibition *Bob Rauschenberg: Scatole e Feticci Personali* (Rome: Galleria dell'Obelisco, March 3–10, 1953), 1953. Robert Rauschenberg papers. Robert Rauschenberg Foundation Archives, New York.

fu così dura che Rauschenberg (forse con una certa ironia) seguì il suo consiglio e, a quanto pare, gettò alcune delle opere nell'Arno[3]. E mentre Irene Brin, una delle cofondatrici della Galleria dell'Obelisco, lo descriveva come un "ragazzo americano magro, arruffato, che dormiva dove capitava e mangiava quel che poteva, poiché voleva far durare al massimo una borsa di studio", come artista, gli riservava il complimento più alto: "i suoi lavori, realizzati in luoghi impensati e con mezzi impensabili, battevano, dal punto di vista novità, perfino quelli di Alberto Burri"[4].
Quando a Rauschenberg venne conferito il Gran Premio Internazionale per la Pittura alla Biennale di Venezia del 1964, circostanza che fece di lui uno dei primi americani e l'artista più giovane in assoluto a vincere il premio, la sua reputazione era ormai consolidata tra i colleghi italiani. Le sue opere erano già molto celebri in Italia: Rauschenberg era stato incluso in numerose mostre personali e collettive, aveva ricevuto ampia copertura mediatica ed era entrato in alcune delle più importanti collezioni d'arte moderna della nazione, tra cui quelle di Giuseppe Panza e Luigi e Peppino Agrati. Per il mondo dell'arte italiano, la vittoria di Rauschenberg non fu tanto una sorpresa quanto un *fait accompli*[5]. I suoi Combines e *Silkscreen Paintings* (1962-64), esposti alla Biennale, annunciarono nuove direzioni nella pittura e nella scultura, portando le immagini e gli oggetti del mondo reale nel regno della pittura astratta. È stato proprio quest'ultimo aspetto ad affascinare particolarmente il suo pubblico. Quando, per esempio, *Pilgrim* (1960) – un Combine con una sedia fissata alla tela – fu esposto nel 1961 alla Galleria dell'Ariete di Milano, i visitatori furono entusiasti dell'invito a sedersi[6]. Rauschenberg avrebbe poi raccontato al critico d'arte Calvin Tomkins che l'esperienza più significativa, dopo l'annuncio della vittoria alla Biennale, era stata l'accoglienza spontaneamente riservatagli da parte di un gruppo di giovani artisti italiani quando, finalmente, arrivò in piazza San Marco verso mezzanotte[7]. La vittoria di Rauschenberg non solo conferì nuova importanza a lui e all'arte americana sulla scena internazionale, ma fu anche un riconoscimento per quei giovani artisti che, grazie alla sua arte sperimentale, si sentirono liberi di creare al di fuori delle regole prestabilite.
Alla maggiore visibilità ottenuta da Rauschenberg dopo il successo alla Biennale si deve in parte anche la decisione, nel 1970, di trasferire la propria residenza principale e lo studio da New York alla relativa tranquillità di Captiva Island, al largo della costa del Golfo della Florida. Il suo amore per l'Italia e la sua arte, tuttavia, rimase immutato. In questo periodo di transizione, Rauschenberg si recò a Venezia come turista per la prima volta, per poi tornare a Captiva e creare opere scultoree dedicate alla città sull'acqua. La serie *Venetian* (1972-73), realizzata con materiali di recupero quali rami, tessuti, barattoli di vetro e battistrada di pneumatici, evoca il romanticismo e il decadimento della città, mentre i titoli delle opere derivano da famosi monumenti veneziani, come la chiesa medievale di Sant'Agnese e Ca' Pesaro, il palazzo barocco sul Canal Grande. Il palazzo, che ospitava il Museo d'Arte Moderna, nel 1975 sarebbe stato sede di una mostra dedicata alle opere di Rauschenberg di questo periodo, per poi essere trasferita nei musei di Ferrara e Firenze. La sua serie di fotocalcografie *Bellini* (1986-89) è un omaggio al pittore rinascimentale veneziano Giovanni Bellini (circa 1430-1516), alle cui miniature Rauschenberg si è ispirato per stratificare immagini urbane contemporanee. In seguito, le discariche di Napoli avrebbero fornito il materiale per una serie scultorea, i *Neapolitan Gluts* (1987), assemblaggi realizzati

3 Carlo Volpe, *Alla Galleria d'Arte contemporanea*, in "Il Nuovo Corriere", 25 marzo 1953, p. 3.
4 Citato in Rossella Caruso, *Robert Rauschenberg alla Galleria L'Obelisco. Scatole e feticci personali*, in Irene Brin, *Gaspero del Corso e la Galleria L'Obelisco*, Drago, Roma 2018, p. 207, n. 7. Originariamente pubblicato in Irene Brin, *L'Italia esplode. Diario dell'anno 1952*, a cura di Claudia Palma, Viella Editrice, Roma 2014, pp. 64-65.
5 Si veda Giorgio Motisi, *"It Really Did Mean Something": Gli Artisti Italiani e Robert Rauschenberg*, in "Paragone Arte", 179-180, gennaio-marzo 2025, p. 29.
6 Ivi, p. 33.
7 Calvin Tomkins, *Off the Wall: A Portrait of Robert Rauschenberg*, Picador, New York 1980, pp. 10-11.

Contemporanea in Florence, the art historian Carlo Volpe's review was so harsh that Rauschenberg (perhaps with some irony) followed his recommendation and apparently dumped a number of the artworks into the Arno River.[3] And while Irene Brin, one of the co-founders of the Obelisco gallery, described him as a "thin, shaggy American boy who slept wherever he could and ate what he could, because he wanted to make a scholarship last as long as possible," as an artist she paid him the highest compliment: "his works, made in unexpected places and with unthinkable means, beat, from the point of view of novelty, even those of Alberto Burri."[4]

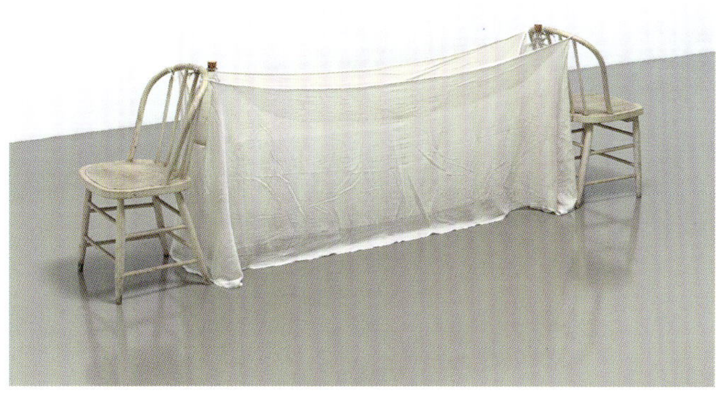

Robert Rauschenberg, *Sant'Agnese (Venetian)*, 1973, zanzariera, sedie di legno, lacci di scarpe e brocche di vetro con tappo in sughero / mosquito net, wood chairs, shoelaces, and corked glass jugs, 82 × 268,6 × 56,2 cm.
Robert Rauschenberg Foundation

By the time Rauschenberg was awarded the International Grand Prize in Painting at the 1964 Venice Biennale—becoming one of the first Americans and the youngest ever to win the prize—his reputation had grown among his Italian peers. His work had become widely celebrated in Italy: it was included in numerous solo and group exhibitions, received extensive press coverage, and entered some of the most prominent modern art collections in the country, including those of Giuseppe Panza and Luigi and Peppino Agrati. For the Italian art world, Rauschenberg's victory was less surprise and more *fait accompli.*[5] His Combines and *Silkscreen Paintings* (1962–64) shown at the Biennale heralded new directions in painting and sculpture, erasing delineations between the two by bringing the images and objects of the real world into the realm of abstract painting. It was the latter that especially beguiled his audience. For example, when *Pilgrim* (1960)—a Combine with a chair affixed to the canvas—was shown in 1961 at the Galleria dell'Ariete in Milan, visitors were delighted by the invitation to take a seat.[6] Rauschenberg would later tell art critic Calvin Tomkins that his most meaningful experience, after the Biennale award was announced, was the spontaneous reception he received from a group of young Italian artists when he finally arrived in Piazza San Marco around midnight.[7] Rauschenberg's win at the Biennale gave new stature not only to him and to American art on an international stage, but it was also a victory for those young artists for whom Rauschenberg's experimental artmaking gave permission to create outside prescribed rules.

Rauschenberg's increased visibility following his success at the Biennale was

---

3 Carlo Volpe, "Alla Galleria d'Arte contemporanea," *Il Nuovo Corriere* (March 25, 1953): 3.
4 Quoted in Rossella Caruso, "Robert Rauschenberg alla Galleria L'Obelisco. Scatole e feticci personali," in *Irene Brin, Gaspero del Corso e la Galleria L'Obelisco* (Rome: Drago, 2018), 207, n. 7. Originally published in Irene Brin, *L'Italia esplode. Diario dell'anno 1952*, edited by Claudia Palma (Rome: Viella Editrice, 2014), 64–65.
5 See Giorgio Motisi, "'It Really Did Mean Something'. Gli Artisti Italiani e Robert Rauschenberg," *Paragone Arte* 179–180 (January–March 2025): 29.
6 Ibid.: 33.
7 Calvin Tomkins, *Off the Wall: A Portrait of Robert Rauschenberg* (New York: Picador, 1980), 10–11.

con rottami metallici e tessuti trovati, che, inizialmente, erano serviti come scenografia sostitutiva per la coreografa e collaboratrice di Rauschenberg, Trisha Brown.

Nel corso dei suoi sessant'anni di carriera, l'Italia è stata un punto di riferimento a cui Rauschenberg è spesso tornato in quanto luogo di molti momenti cruciali della sua vita e della sua carriera. I soggetti italiani hanno continuato ad apparire nei dipinti a trasferimento, a getto d'inchiostro, realizzati da Rauschenberg negli ultimi decenni di attività. Non sorprende quindi che immagini della *Nascita di Venere* di Sandro Botticelli (circa 1485) e delle maglie della squadra di calcio del Venezia siano incluse nel *pastiche* autobiografico *Mirthday Man [Anagram (A Pun)]*; 1997), realizzato in occasione del suo settantaduesimo compleanno. È l'apertura alle possibilità e allo spirito di sperimentazione che l'Italia ha ispirato in Rauschenberg, catturando a sua volta l'attenzione dei suoi colleghi. E sono forse queste qualità che definiscono più chiaramente la totalità della sua pratica artistica. La vorace curiosità che il ragazzo americano arruffato e pieno di speranze emanava nel 1952, mentre vagava per le strade d'Italia, non si è mai affievolita. Tre quarti di secolo dopo, quello spirito indagatore rimane palpabile.

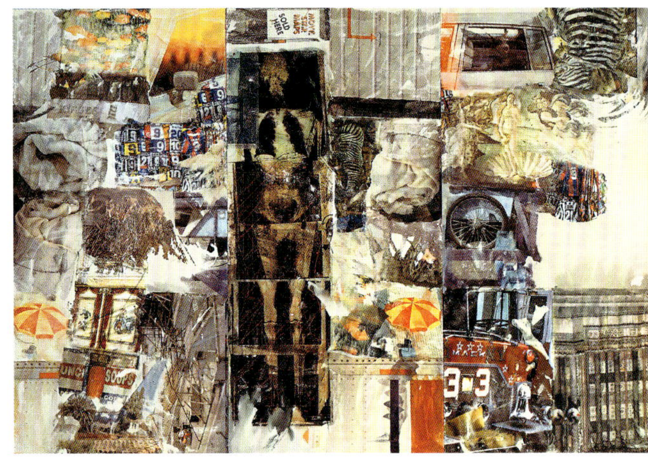

Robert Rauschenberg, *Mirthday Man [Anagram (A Pun)]*, 1997, trasferimento a getto d'inchiostro di coloranti e pigmenti su polilaminato / inkjet dye and pigment transfer on polylaminate, 314 × 459,1 cm. Schroeder Collection

partially responsible for the decision in 1970 to move his primary home and studio from New York to the relative quiet of Captiva Island, off the gulf coast of Florida. His love-affair with Italy and its art, however, remained undimmed. Around this transitional time, Rauschenberg traveled to Venice, for the first time as a tourist, and returned to his Captiva studio to create sculptural works dedicated to the city on water. The *Venetian* series (1972–73), made with found materials, including branches, fabric, glass jars, and tire treads, evoke that city's romance and decay; the artwork titles are derived from famous Venetian landmarks such as the medieval church of Sant'Agnese and Ca' Pesaro, a Baroque palace on the Grand Canal. The latter, which housed the Museo d'Arte Moderna, would be the site of an exhibition in 1975 dedicated to Rauschenberg's artworks of this period before it traveled to museums in Ferrara and Florence. His *Bellini* series (1986–89) of photogravures are a tribute to the Venetian Renaissance painter, Giovanni Bellini (c. 1430–1516), whose miniatures provided a base upon which Rauschenberg layered contemporary urban imagery. And later, the junkyards of Naples provided fodder for a sculptural series, the *Neapolitan Gluts* (1987)—assemblages made from found scrap metal and fabric—that initially served as a replacement stage set for choreographer and Rauschenberg collaborator, Trisha Brown.
Throughout the six decades of his carrer, Italy was a touchstone that Rauschenberg often returned to as the locus of many pivotal moments in his life and career. Italian subjects continued to make an appearance in Rauschenberg's inkjet transfer paintings done in the last decades of his life. It is perhaps to be expected then that images of Sandro Botticelli's *Birth of Venus* (c. 1485) and of Venetian soccer jerseys are included in the autobiographical pastiche of *Mirthday Man [Anagram (A Pun)]*; 1997), which he made on the occasion of his seventy-second birthday. It is the openness to possibility and the spirit of experimentation that Italy inspired in Rauschenberg and which captured the attention of his fellow artists. And it is perhaps these qualities that most clearly define the totality of Rauschenberg's practice. The bright-eyed curiosity that a young, hopeful, and shaggy American boy emanated in 1952 while wandering the streets of Italy never dulled across his lifetime. Three-quarters of a century later, that questioning spirit remains palpable.

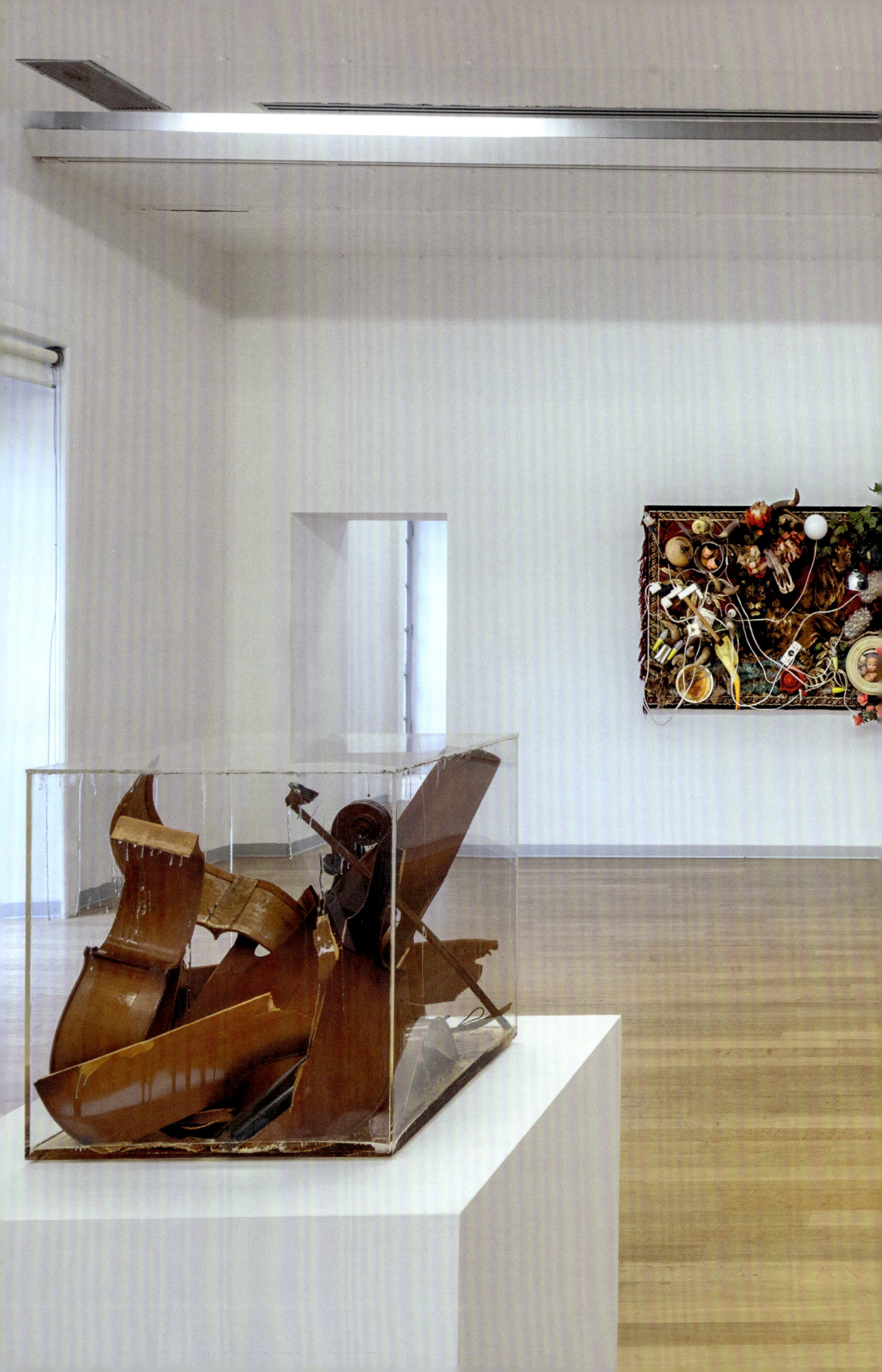

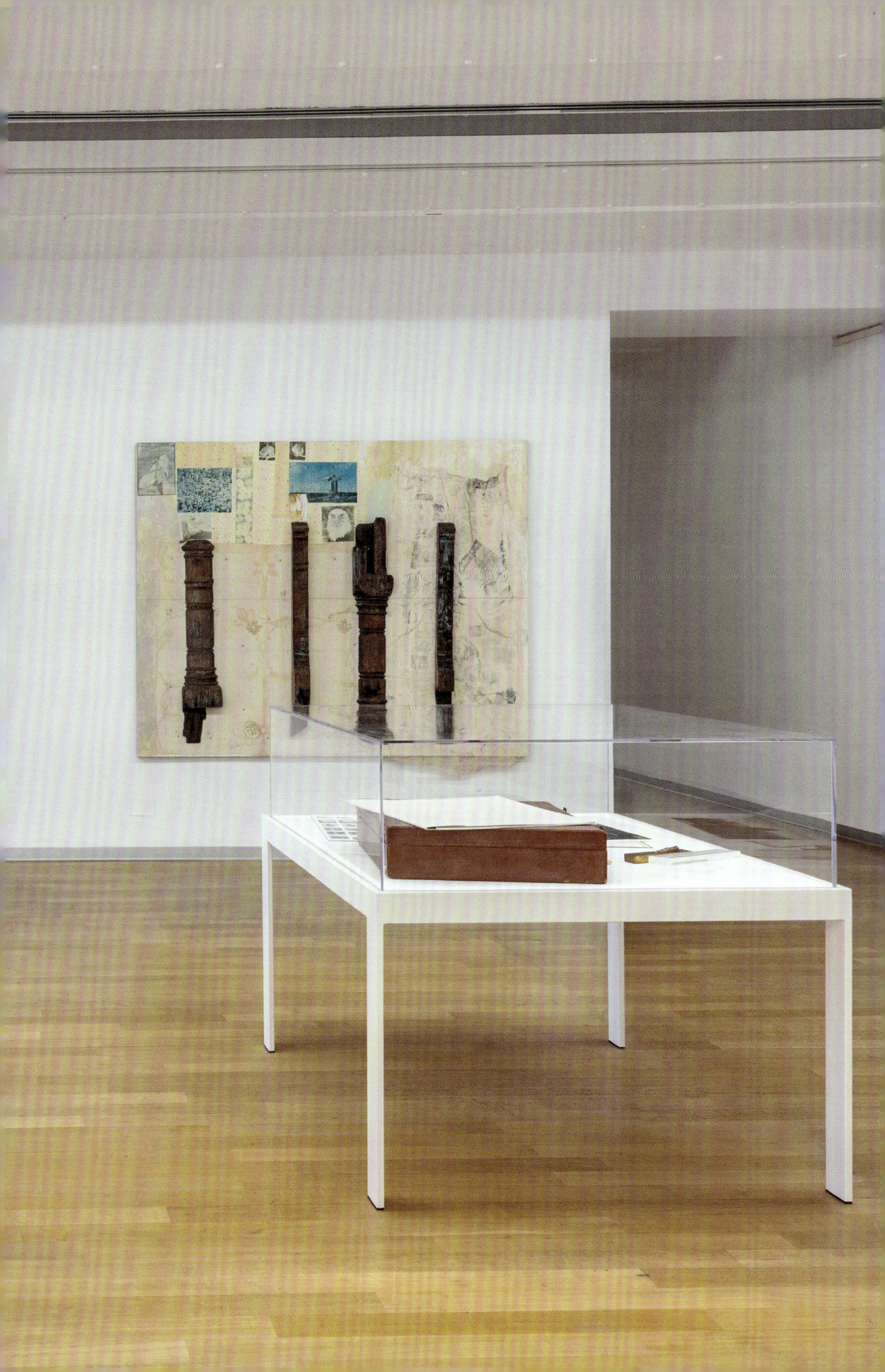

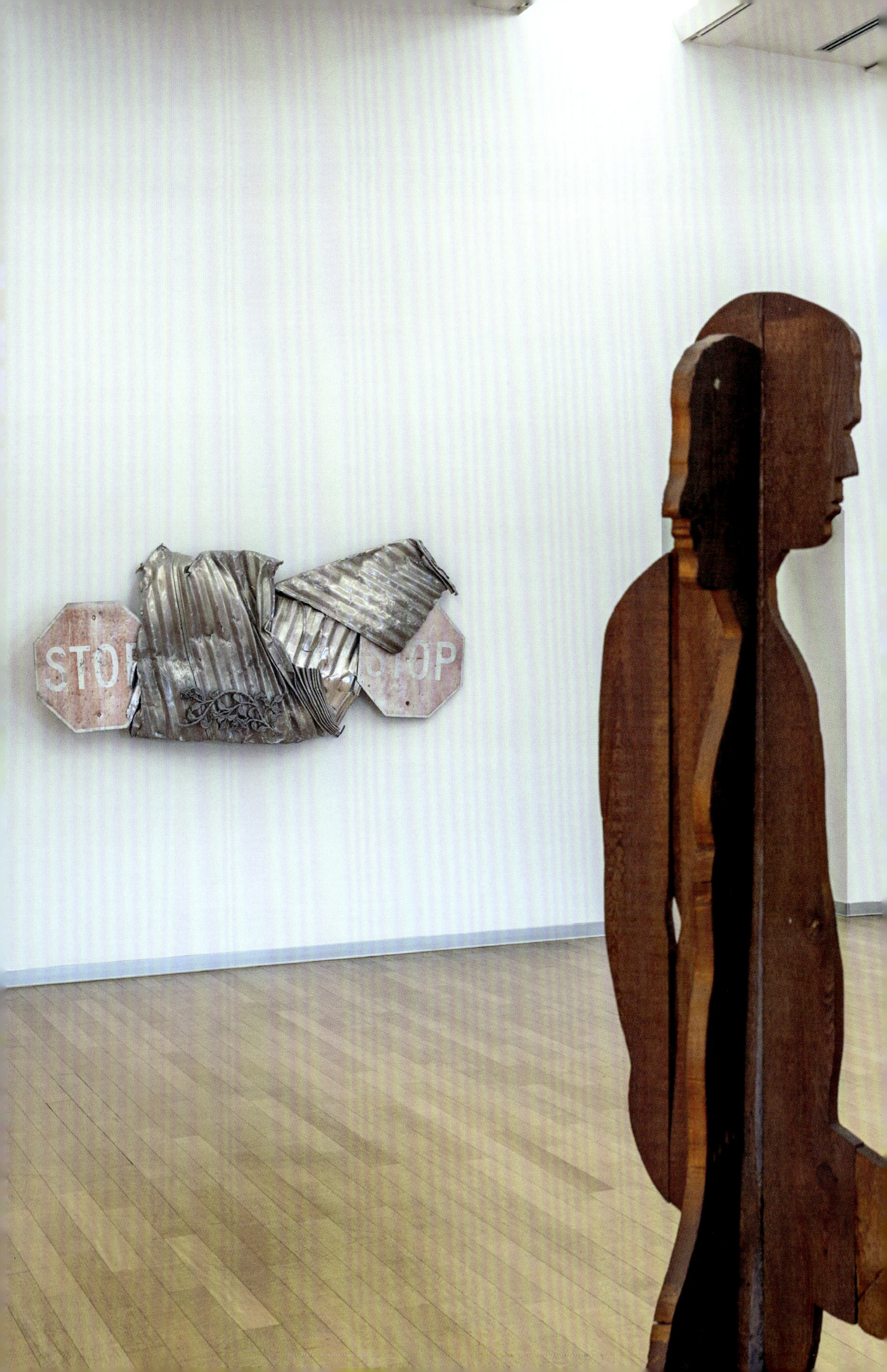
STOP

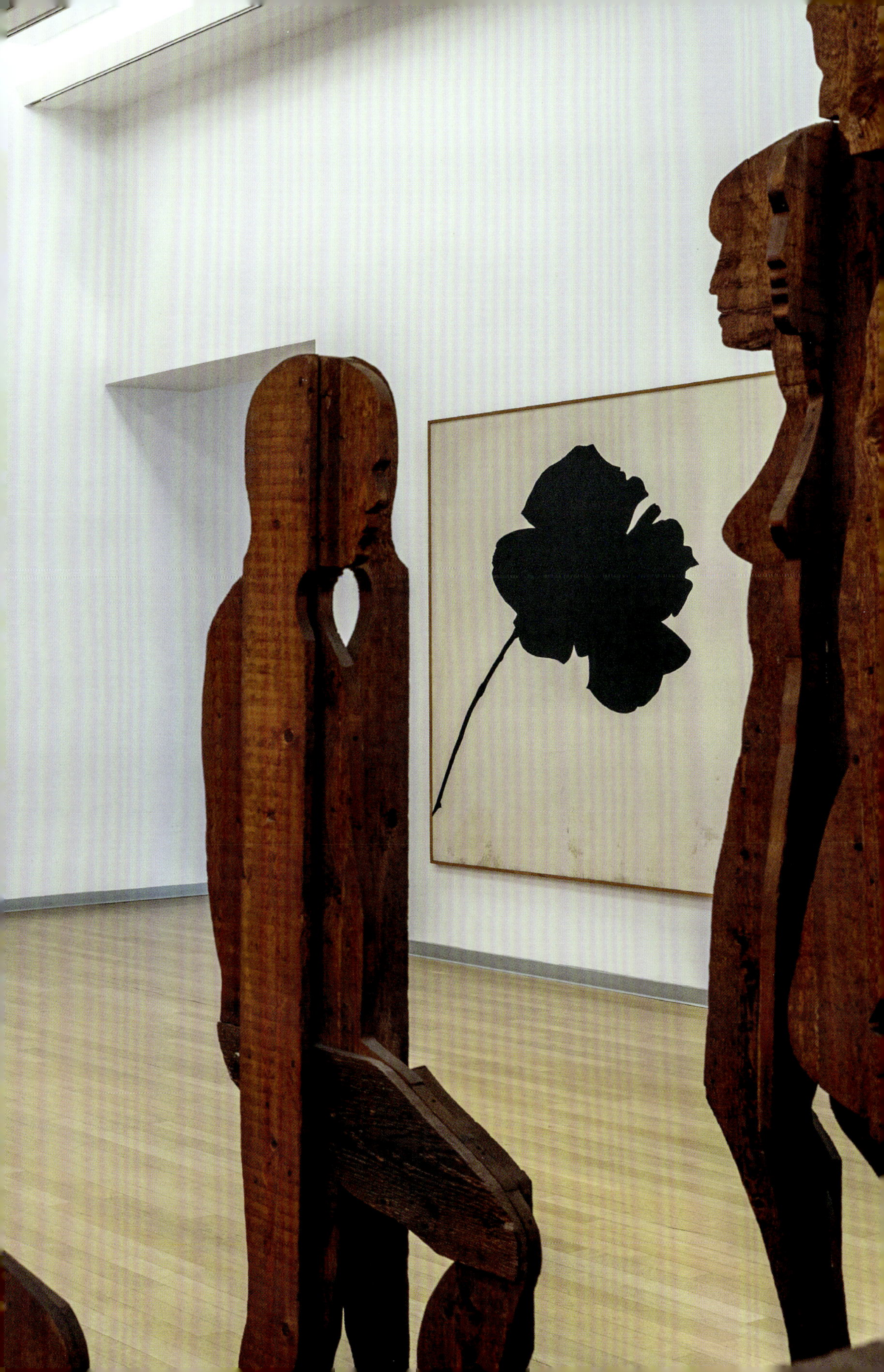

Rauschenberg nel Novecento

Gianfranco Maraniello

Realizzare una mostra senza la presenza di Robert Rauschenberg sconta la consapevole impossibilità di attingere alla contingenza, all'improvvisazione, al fondamentale negoziato emozionale e inventivo con le persone incontrate e con gli eventi in corso di cui ogni sua opera rimane comunque viva testimonianza. Disporre dei lavori dell'artista americano nel rapporto col secolo di arte italiana espresso dalla collezione di un museo offre altresì l'opportunità di porre enfasi su una verificata aderenza alla storia (dell'arte), ma anche di immaginare arbitrarie relazioni in emblematiche trame che esaltino o interroghino posizioni culturali da interpretare nella loro ineluttabile finitudine.
La contorta lamiera con un cartello che segnala "carburante senza piombo" osservabile nell'apocalittica ma equilibrata postura da quadro di *Bumper Slip Late Summer Glut* (1987) e l'adiacenza in galleria alla fiducia della pittura futurista nelle linee "andamentali", nella velocità dell'automobile e nei dinamismi sembrano rappresentare l'alfa e l'omega della civiltà industriale. L'aspettativa ottimistica di Giacomo Balla e Umberto Boccioni verso la modernità, con la mitologia della macchina annunciata quale bellezza che avrebbe travolto con la propria irruenza anche la Nike di Samotracia inaugurando la necessità di corrispondervi con un'originale arte d'avanguardia, si "scontra" con "un Rauschenberg" e proprio con l'effettivo compiersi del superamento dei bordi e dei canoni della composizione pittorica grazie all'assemblaggio misurato e insieme tragico del metallo, in un'arte fatta di realtà e non di elementi di figurazione, realizzata con la presenza delle cose stesse, assunte criticamente in un'epoca in cui la crisi del petrolio e i danni ambientali prodottisi in conseguenza delle scelte di sviluppo tecno-economico del pianeta

Rauschenberg in the Novecento

Gianfranco Maraniello

Setting up an exhibition without Robert Rauschenberg's presence expiates the conscious impossibility of tapping into chance, improvisation, into the fundamental negotiation—emotional and inventive—with the people he encountered and the events in progress, of which his every piece is however living testimony. Displaying the American artist's work in relation to the century of Italian art on view in the collection of a museum also offers the opportunity to highlight a tested grip on history (of art), as well to imagine arbitrary connections within iconic plots exalting or questioning cultural positions to be understood in their inescapable finiteness.

The contorted sheet metal with the sign "unleaded gasoline" visible in the painting-like carriage, apocalyptic yet balanced, of *Bumper Slip Late Summer Glut* (1987) and its proximity in the gallery to the confidence of the futurist paintings in the "movement-shaped" lines, the speed of automobile, and dynamisms, seems to embody the alpha and omega of industrial civilization. Giacomo Balla's and Umberto Boccioni's optimistic expectations of modernity, with the mythology of the machine announced as a beauty that would overwhelm even the Nike of Samothrace—with its impetuosity ushering us in a need to match it with an original art of avant-garde—"collides" with "a Rauschenberg", and precisely with the effective overcoming of the pictorial composition's borders and canons through the measured and concurrently tragic assembly of metal in an art made of reality, and not figurative elements; an art created with the presence of actual things, which are critically acquired at a time when the oil crisis, and the environmental damage caused by the choices toward the techno-economic development of

dimostrano la sottovalutazione delle contropartite di ogni ideologia.
Analogamente la retorica del sacrificio della vita in nome dei valori di una nazione proclamato dal dittatore Benito Mussolini ed evocato nella lapidaria di *I morti di Bligny trasalirebbero* dello scultore Arturo Martini dialoga con l'ironico palindromo falsamente attribuito a Napoleone *Able Was I Ere I Saw Elba* (1983) che dà titolo alla composizione con la quale Rauschenberg affronta la possibilità di un riporto fotografico su ceramica favorito dalla sapiente competenza artigianale da lui conosciuta in Giappone. La celebrativa ritrattistica dell'imperatore Bonaparte, con la sua eroica figura a cavallo tramandata dalla monumentale pittura di Jacques-Louis David, viene così traslata su formelle riorganizzate in una configurazione destrutturata, come in un mosaico non debitamente compiuto, ma integrato da altre immagini che l'artista ha concretizzato in un peculiare "impasto" di terra e fotogrammi per un depotenziamento del portato epico della rappresentazione a favore di un'appassionata esperienza di contaminazione di tecniche produttive nel contesto dell'euforia postmoderna per l'ipertrofica civiltà delle immagini.

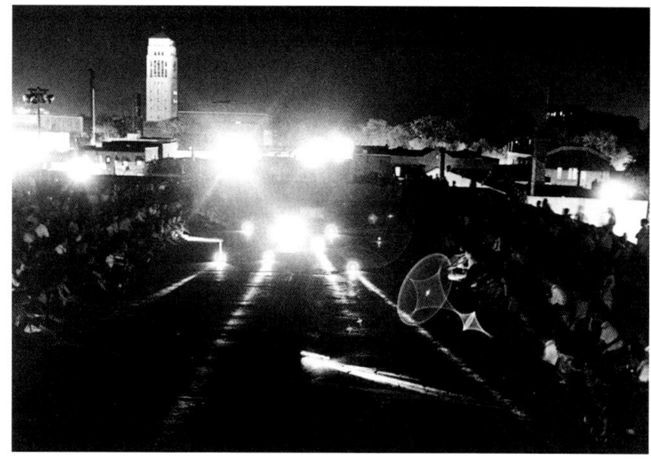

Tartarughe con torce elettriche in *Spring Training* di Robert Rauschenberg / Turtles with flashlights in Robert Rauschenberg's *Spring Training* (1965), University of Michigan, ONCE Again Festival, 1965. Robert Rauschenberg Foundation Archives, New York

Il museo è teatro di incontri tra opere che talvolta possono riflettere quelli effettivamente avvenuti tra gli autori. Rauschenberg ritrova ora Alberto Burri, Mario Schifano, Ugo Mulas o i protagonisti del Nouveau Réalisme. La prima visita fu in una giornata del 1953 per ripetersi poco dopo in studio da Burri con l'offerta di una reciprocità di doni: una di quelle giovanili "scatole" dell'americano ricambiata da un piccolo bianco e nero su masonite. Materiali come cartone, derivati del legno, plastiche e metalli, ma soprattutto il loro modo di adoperarli e la gestualità espressa da rattoppi, saldature, combustioni e ulteriori vitalistiche prove di energia fanno appello alla ricerca di nuovi territori per l'arte, con il debordare dai limiti del quadro, dalla compiutezza della forma conseguita o dal soggettivismo sempre implicato nell'espressionismo astratto o nella pittura informale.
Rauschenberg e Burri esaltano la potenza della materia e si affidano a una dimensione comportamentale che non è mai appagata dal definirsi in un genere. La sperimentazione, infatti, è costante tensione esplorativa per la vita, accoglimento dell'urgenza dell'attualità che nel suo accadere obbliga a inventare corrispondenze solo provvisoriamente declinabili in etichette come New Dada, Nuovo Realismo o cultura Pop. Il fragile appiattimento su parete delle scatole di cartone in *Parsons / Live Plants / Ammonia (Cardboard)* (1971), l'applicazione di diversi tessuti e di oggetti "trovati" lignei sul sostegno di una tavola in *Untitled (Spread)* (1983), l'assemblaggio di metalli e di iconici segnali stradali in *Summer Glut Fence* (1987) sono certamente sintomatici della pressione del tempo presente nell'immaginario di un artista teso a cogliere gli orientamenti sociali e culturali di un mondo che conosce una frenetica accelerazione nella percezione di cambiamenti storici che spingono all'aderenza con la propria epoca fino all'identificazione tra arte e vita. E così l'impronosticabile manifestazione dell'oggi trova riflesso nella

the planet, proved the underestimation of the counterparts any ideology has. Similarly, the rhetoric of sacrificing one's life for the nation's values as proclaimed by dictator Benito Mussolini and evoked in the lapidary of *I morti di Bligny trasalirebbero* (The dead of Bligny would shudder) by sculptor Arturo Martini, interacts with the ironic palindrome falsely attributed to Napoleon—*Able Was I Ere I Saw Elba*—namesake of the composition (1983) with which Rauschenberg tackles the prospect of a photographic transfer onto ceramic, made possible by the skilled craftsmen he worked with in Japan. The celebratory portraiture of Emperor Napoleon Bonaparte, with his heroic figure on horseback reproduced from Jacques-Louis David's monumental painting, is thus transposed onto panels that are reorganized in a deconstructed configuration. Like a mosaic not properly completed but complemented by other images that the artist actualized in a peculiar "mixture" of earth and frames, diminishing the epic power of representation in favor of a passionate experience that, in the context of the postmodern euphoria for a hypertrophic civilization of images, merges production techniques.

The museum is a stage for encounters between artworks that may sometimes mirror those between artists. Rauschenberg now re-encounters Alberto Burri, Mario Schifano, Ugo Mulas and the protagonists of the Nouveau Réalisme. The first visit, one day in 1953, was to be repeated shortly after in Burri's studio with an offering of reciprocal gifts: one of those youthful "boxes" by the American was requited with a small, black-and-white piece on masonite. Materials such as cardboard, wood derivatives, plastics, and metals, but above all, the way they are used and what their patches, welds, combustions, and further tests of vitalistic energy express, appeal to the search for new territories in art by flooding beyond the boundaries of the painting, the completeness of the achieved form, and the ever-present subjectivism entailed in Abstract Expressionism or Informal painting.

Rauschenberg and Burri extol the power of matter relying on a behavioral dimension that is never satisfied with defining itself as a genre. Experimentation, in fact, is a constant exploratory tension for life, an acceptance of the urgency of contemporaneity, which, in its occurrence, demands the invention of relationships that can only be provisionally labeled as New Dada, New Realism or Pop culture. The fragile flattening of cardboard boxes on the wall in *Parsons / Live Plants / Ammonia (Cardboard)* (1971), the addition of different fabrics and "found" objects made of wood onto a table in *Untitled (Spread)* (1983), and the assembly of metal and iconic road signs in *Summer Glut Fence* (1987) are certainly symptomatic of the present day pressures on the imagination of an artist seeking to capture the social and cultural currents of a world experiencing a frantic acceleration, while perceiving historical changes that push for adherence to one's own era—up to the identification between art and life. And so, the unpredictable manifestation of the present is mirrored in the reflective surface of *Muse Poodle Roll (Phantom)* (1991), by intertwining the figurative traces, silkscreened on anodized aluminum, with the observer's gaze, thus "framed" between prearranged drawings and the simultaneous, ghostly apparition of what passes in front of the work. Precarious, and even reactive to the slightest movement of air caused by a passing visitor, such is the arrangement of fabric panels bearing traces of ink and other ghostly remains; those ephemeral presences imprinted in lithographic workshops that in *Untitled (Hoarfrost)* (1975), declare their search for a porous border between visible and invisible, the perishable threshold that accepts its condition of impermanent existence, as if it were hoarfrost ready to dissolve—yet confident about returning and inhabiting the world in the diaphanous ambiguity of a *revenant*.

Robert Rauschenberg continuously invents the opportunity of art in its making and finds his privileged terrain in the scenic construction, the movement of bodies, the predisposing of both showcases and theaters, as well as in welcoming the spectacle of the world by choreographing it in concerts, dances, encounters, but also in drawings and paintings that aspire to unlimited dimensions and execution

superficie specchiante di *Muse Poodle Roll (Phantom)* (1991) intramando i riporti figurali serigrafati sull'alluminio anodizzato con lo sguardo dell'osservatore così "incorniciato" tra disegni predisposti e la simultanea fantasmatica apparizione di quel che transita al cospetto dell'opera. E precario, fin anche disponibile al leggero sussulto d'aria provocato dal passaggio di un visitatore, è il modo di allestire i tessuti su cui restano tracce di inchiostro e altri fantasmi, quelle presenze effimere che si imprimono nei laboratori litografici e che in *Untitled (Hoarfrost)* (1975) dichiarano la propria ricerca di un margine labile tra visibile e invisibile, la soglia caduca che accetta la propria condizione di esistenza impermanente come fosse brina pronta a dissolversi, ma fiduciosa di poter fare ritorno e abitare il mondo nella propria ambiguità di diafano *revenant*.
Robert Rauschenberg inventa continuamente la possibilità dell'arte nel suo farsi e trova il suo terreno privilegiato nella costruzione scenica, nel movimento di corpi, nella predisposizione tanto di vetrine che di teatri, come ad accogliere lo spettacolo del mondo coreografandolo in concerti, danze, incontri, ma anche in disegni e quadri che aspirano a dimensioni illimitate e a tempi di esecuzioni solo approssimativamente determinabili, ma capaci di contenere il caso e gli eventi, progetti e imprevisti, la propria personale ideazione o il risultato di un'incessante e condivisa dialettica come probabilmente l'epifanica esperienza della comunità artistica del Black Mountain College ha contribuito a determinare quale suo felice anarchismo metodologico e peculiare adesione al *chance method*.
Forse in questa stessa prospettiva va anche inteso il progetto di non circoscrivere il proprio universo artistico alla comunità di riferimento trovata o ereditata nella sua biografia, obbligandosi a programmare l'estraneità, l'alienazione, il cambio di paradigma per aprirsi alla sistematica esplorazione del remoto di altre provenienze. Così il ROCI – il Rauschenberg Overseas Culture Interchange (1984-91) – è l'espressione più tarda e consapevole dell'ansia di non sapere tutto, di non conoscere l'altrove, di abbandonare la propria centralità di spazio e tempo. Come in un celebre titolo di Julio Cortázar è ora di procedere con un giro del giorno in ottanta mondi, di scardinare l'arroganza di un univoco presente spezzando il pregiudizio stesso dei generi e del fare arte anche oltre le tendenze neoespressioniste e citazioniste degli anni ottanta, richiamando il fatto che la stessa materialità del pigmento o il perimetro di un oggetto da riconoscersi come quadro sono esiti di specifiche e contingenti tradizioni che possono rivelarsi nel proprio portato più profondo solo nella scoperta di una radicale eterogenesi.
All'interno del Museo del Novecento Rauschenberg è il contrappunto di una proposta di narrazione istituzionalizzata di un secolo d'arte italiana. L'incontro con le sue opere è una produttiva distrazione da tassonomie e ordinamenti cronologici che svela anche l'inconscio del museo, sollecita la ritmica della sua sintassi, le regole della sua grammatica, facendo leva su lapsus e atti mancati dell'arte che sono qui proposti per frammenti. Li si ritrova in ordine sparso, come una disseminazione avvenuta nelle gallerie e occorre procedere con attenzione paziente e, forse, imitando il casuale e circospetto andamento di una tartaruga, proprio come uno di quei trenta esemplari dell'azione *Spring Training* (1965) ideata da Rauschenberg per il First New York Theater Rally, ciascuno con la propria lampadina tascabile fissata sul carapace per gettare luci tenui e accidentali su inesauribili percorsi dell'arte.

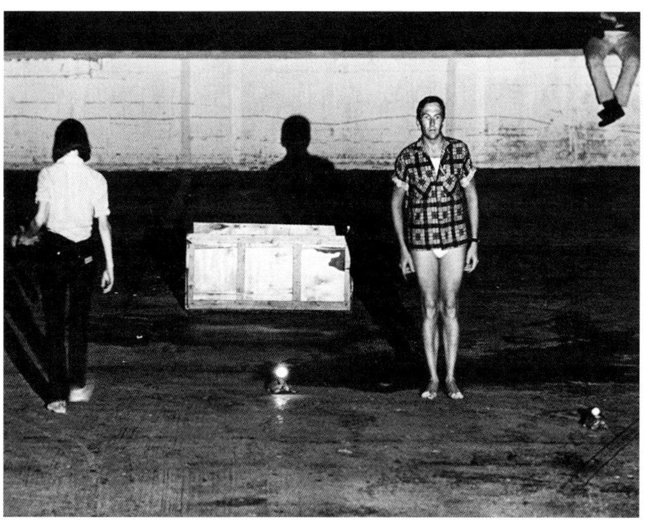

Lucinda Childs e Robert Rauschenberg con tartarughe in *Spring Training* di Robert Rauschenberg / Lucinda Childs and Robert Rauschenberg with turtles in Rauschenberg's *Spring Training* (1965), University of Michigan, ONCE Again Festival, 1965.
Robert Rauschenberg Foundation Archives, New York

times which are determinable only in an approximate way; but capable of containing chances and events, instead, projects and contingencies, his own personal concept, or the result of an incessant and shared dialectic as a result of the epic experience in the artistic community of Black Mountain College, which helped him determine his happy methodological anarchism and peculiar adherence to the *chance method*.
Perhaps, the same outlook applies to the plan to not limit his artistic universe to the found or inherited community of his biography, forcing himself to factor in estrangement, alienation, and paradigm shifts, in order to open himself to the systematic exploration of other origins' remoteness. Thus the ROCI (Rauschenberg Overseas Culture Interchange, 1984–91) is the latest and most conscious expression of the anxiety of not knowing everything, of not knowing elsewhere, of disrupting the assumption of centrality of one's own space and time. As in a famous title by Julio Cortázar, it's time to go around the day in eighty worlds, to disrupt the arrogance of a unique present by shattering the very prejudice of genres and the making of art, even beyond the Neo-expressionist and quote-loving trends of the 1980s; remembering that the materiality of the pigment itself, or an object's perimeter to be recognized as a painting, are the result of specific and contingent traditions that can reveal themselves, at the deepest level, only through the discovery of radical heterogenesis.
Within the Museo del Novecento, Rauschenberg is the counterpoint to an institutionalized narrative account of a century of Italian art. The encounter with his work is a constructive diversion from taxonomy and chronological arrangements which also reveals the museum's subconscious, spurring the rhythm of its syntax and the rules of its grammar by leveraging lapses and omitted acts of art, here offered as fragments. One can find such lapses and acts scattered, like a dissemination through the galleries, and must proceed with patient care, perhaps imitating the random and circumspect trend of a tortoise, as one of the thirty examples of this animal in the performance *Spring Training* (1965), which Rauschenberg conceived for the First New York Theater Rally—each one of us with his own portable torch attached to the carapace, shedding a soft and random light onto the inexhaustible paths of art.

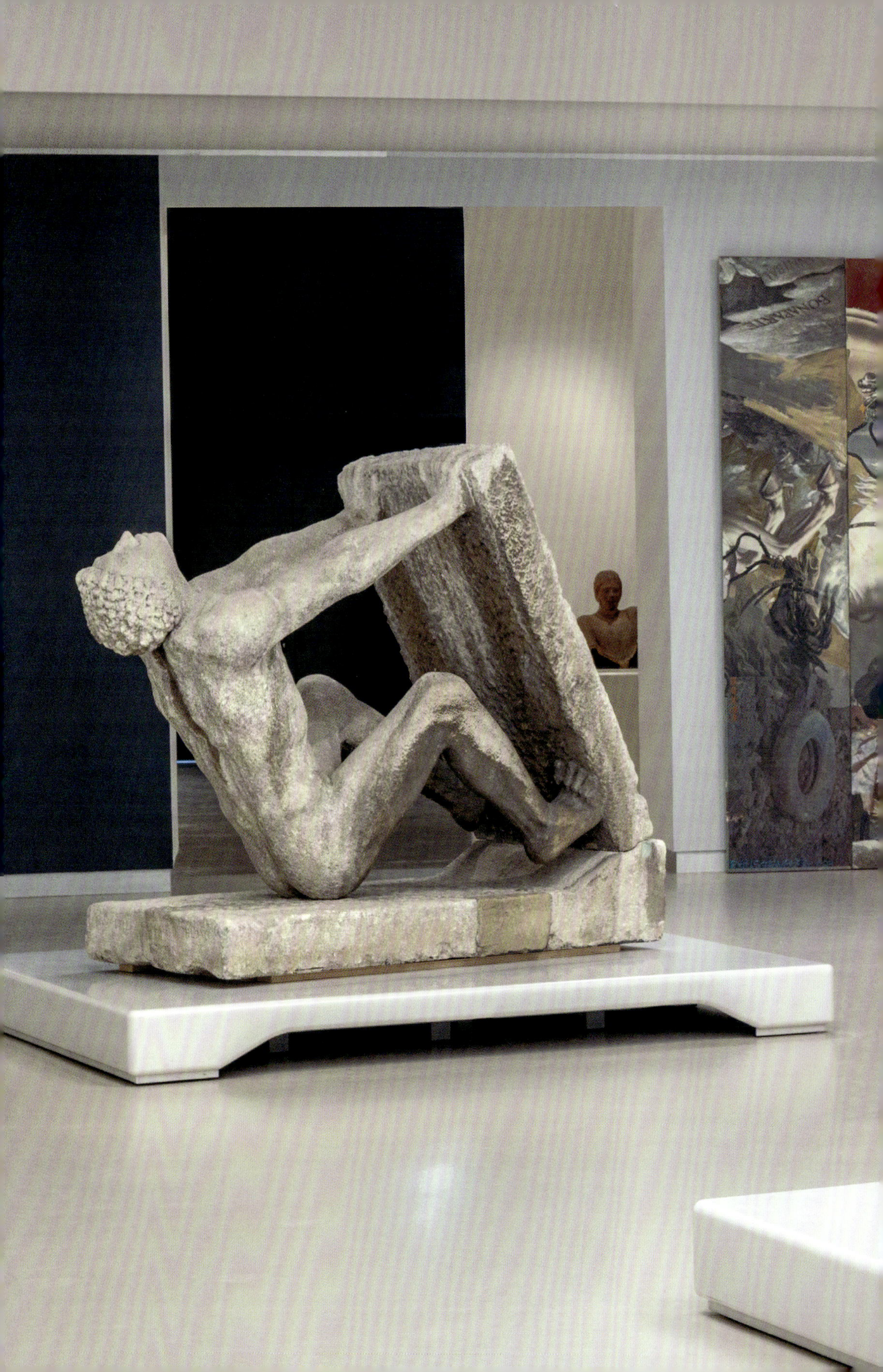

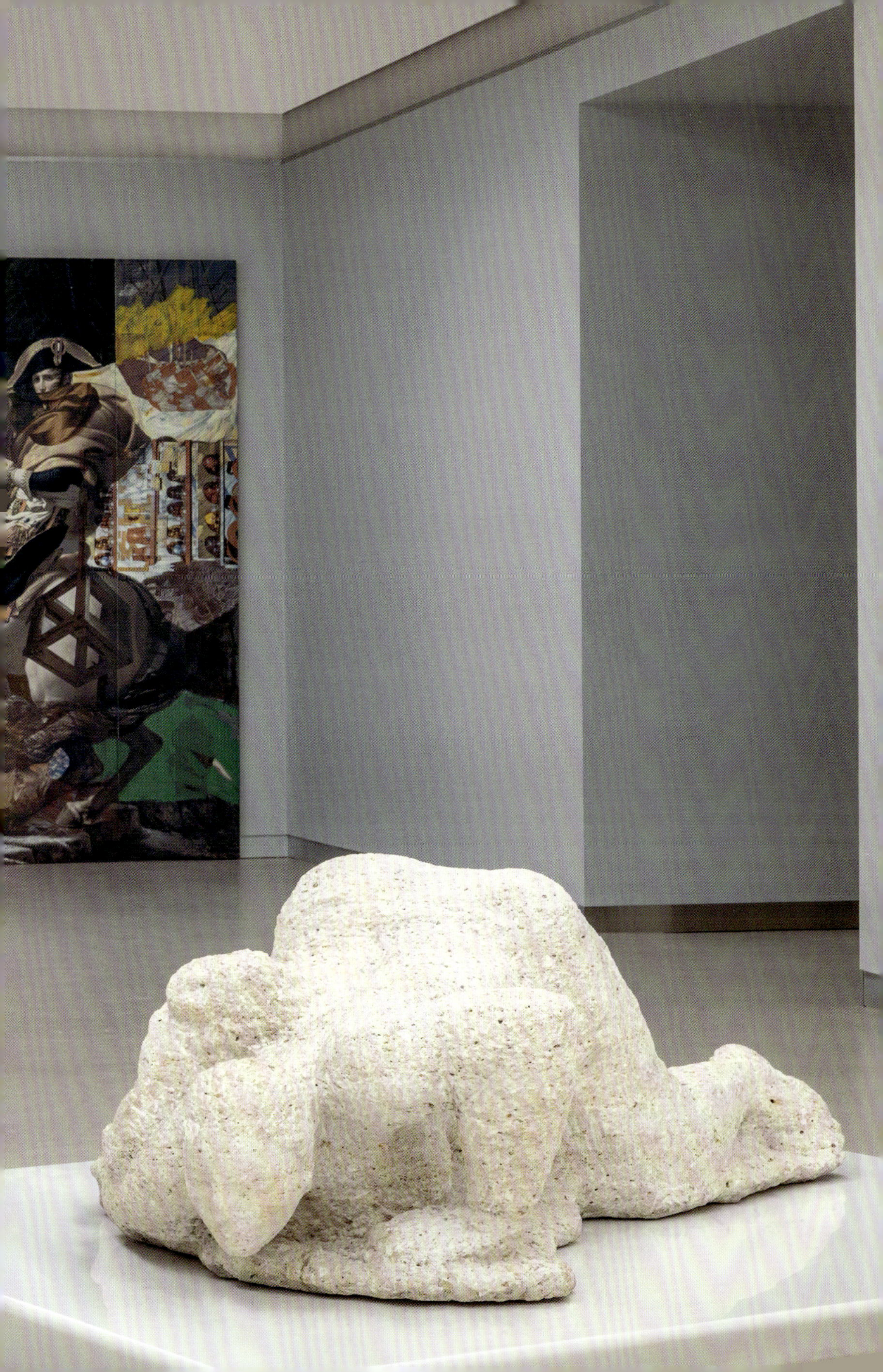

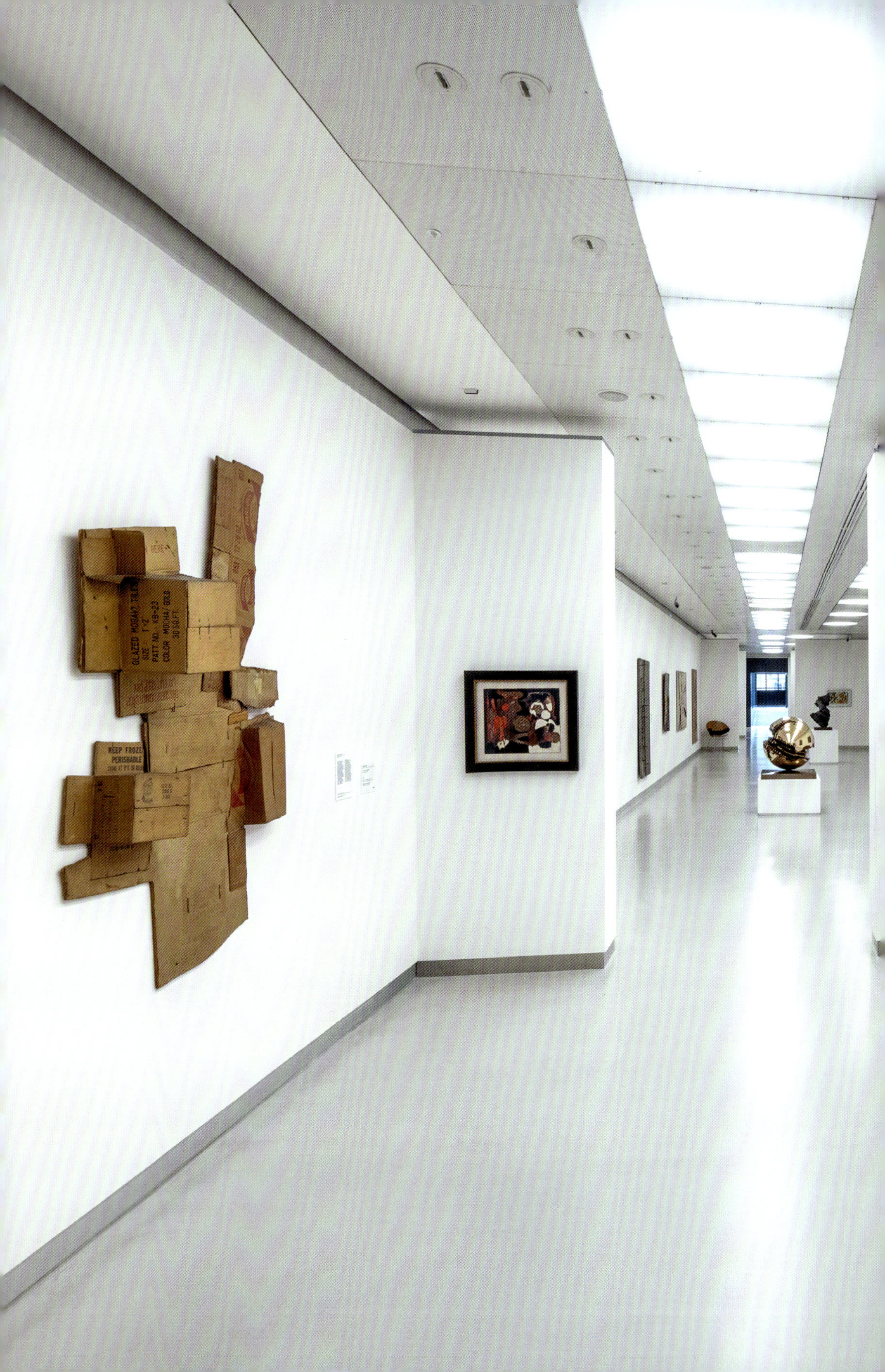
GLAZED MOSAIC TILES
SIZE : 1"x2"
PATT NO. KB-23
COLOR MOCHA/GOLD
30 SQ.FT
PERISHABLE

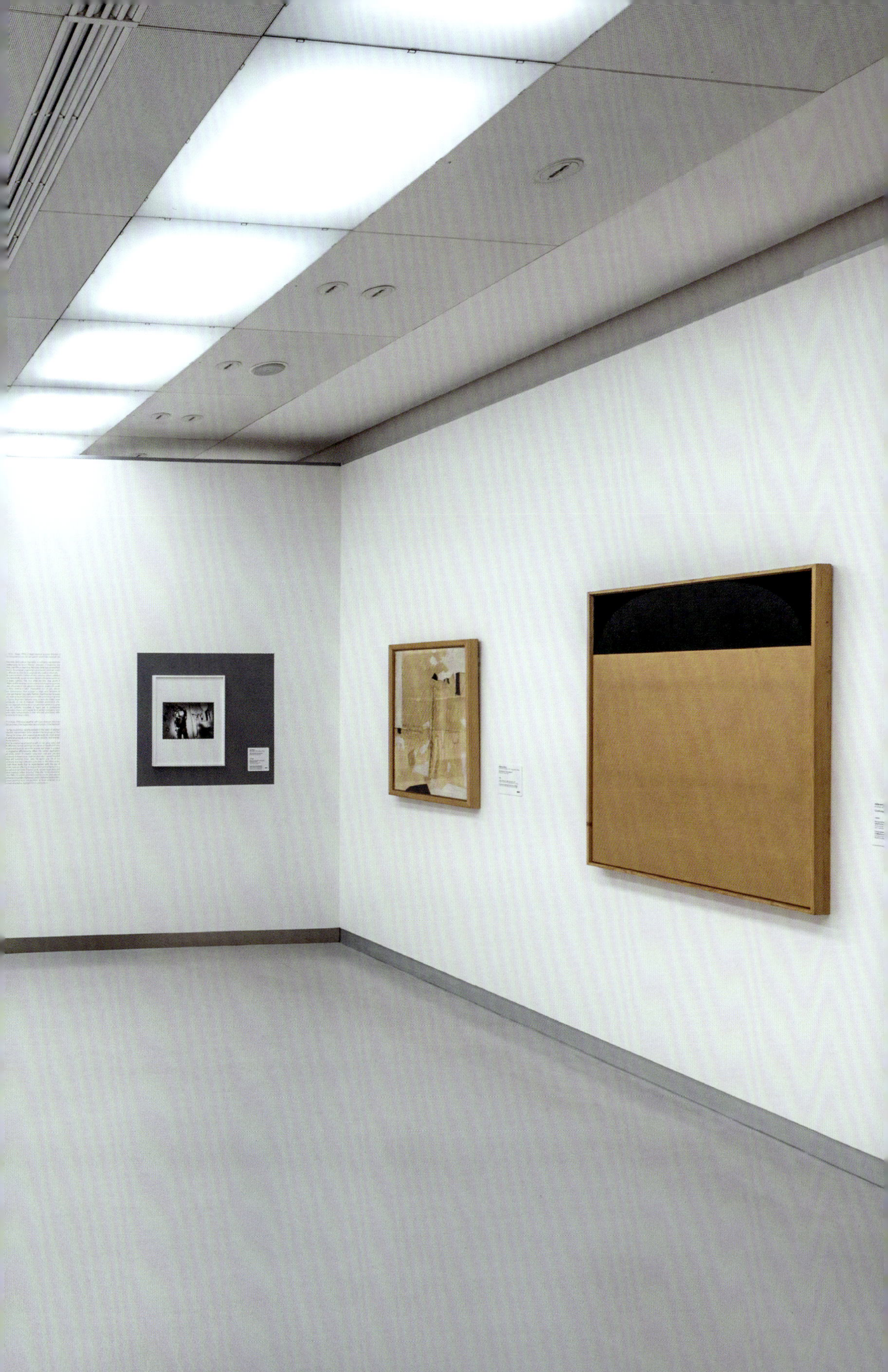

Why Can't We Be Friends?

Nicola Ricciardi

Esattamente cinquant'anni fa, il 17 luglio 1975, a 222 chilometri da terra, una navicella spaziale del programma statunitense Apollo si agganciava a una capsula Soyuz lanciata poco prima nello spazio dall'Unione Sovietica, permettendo ai rispettivi equipaggi di incontrarsi, stringersi la mano e inaugurare la prima cooperazione ufficiale tra due programmi spaziali fino ad allora in aperta competizione.
A Robert Rauschenberg, instancabile promotore di ogni forma di collaborazione e grande appassionato di corsa allo spazio – nell'estate del 1969, su invito della NASA, assistette di persona al lancio dell'Apollo 11 da Cape Kennedy – non sarà sfuggito il portato storico di quel momento. Così come forse non gli sarà sfuggito un dettaglio carico di simbolismo e colore: al loro ingresso nell'Apollo, i cosmonauti sovietici furono accolti dalle note di *Why Can't We Be Friends?*, la celebre canzone degli War, diffuse dagli altoparlanti della navicella. È proprio quella combinazione di sensibilità pop, insaziabile curiosità e profondo impegno per lo scambio di idee che hanno reso Rauschenberg un protagonista inconfondibile e indispensabile della storia dell'arte del Novecento.
Come ha scritto Leah Dickerman, "ad ogni modo, è difficile pensare a qualcuno la cui vita artistica sia stata così profondamente *definita* dalla collaborazione, che abbia intrecciato così tante relazioni produttive in successione"[1]. Non è un caso

1 Leah Dickerman, *Robert Rauschenberg: Five Propositions*, in Leah Dickerman, Achim Borchardt-Hume, *Robert Rauschenberg*, catalogo della mostra, Tate Publishing, London, e The Museum of Modern Art, New York 2016, p. 403.

Why Can't We Be Friends?

Nicola Ricciardi

Exactly fifty years ago, on July 17, 1975, at 222 kilometers above the Earth, a US spacecraft from the Apollo Program hooked to a Soyuz capsule that the Soviet Union had launched into space a short time before, thus enabling their respective crews to meet, shake hands and launch the first official joint space mission between the two competing—until then—space programs.

As a tireless promoter of any kind of collaboration and an enthusiast of the space race—in summer 1969 he personally witnessed the launch of Apollo 11 at NASA's invitation in Cape Kennedy—Robert Rauschenberg did not underestimate the historic significance of that moment. Similarly, a detail filled with symbolism and nuance probably did not elude him: upon accessing the Apollo, the Soviet cosmonauts were greeted by the notes of *Why Can't We Be Friends?*, the famous song by the group War playing through the spacecraft's speakers. It is exactly that mix of pop sensibility, insatiable curiosity, and deep commitment to exchanging ideas that made Rauschenberg become a distinctive and essential protagonist of 20th-century art history.

As Leah Dickerman wrote, "It is hard, though, to think of someone whose artistic life was so thoroughly *defined* by partnership, who strung so many productive relationships together in sequence."[1] It is no coincidence that the last

1 Leah Dickerman, "Robert Rauschenberg: Five Propositions," in Leah Dickerman and Achim Borchardt-Hume, *Robert Rauschenberg*, exhibition catalog (London: Tate Publishing and New York: The Museum of Modern Art, 2016), 403.

che l'ultima grande retrospettiva a lui dedicata, tra il 2017 e il 2018, portasse al MoMA il titolo *Robert Rauschenberg: Among Friends*. Curata dalla stessa Dickerman e da Achim Borchardt-Hume, la mostra celebrava l'importanza del dialogo creativo, strutturandosi come una "monografia aperta", includendo opere di artisti vicini a Rauschenberg. Come ha osservato Borchardt-Hume nel catalogo della mostra, il precoce entusiasmo dell'artista americano per il lavoro collaborativo era permeato dallo spirito utopico delle avanguardie storiche, reinterpretato attraverso l'ottimismo dgli Stati Uniti e della sua emergente cultura giovanile nel secondo dopoguerra. Già alla fine degli anni quaranta, i suoi primi esperimenti con Susan Weil – una serie di opere fotografiche in cui i due si alternavano nei ruoli di modello e produttore – anticipavano questa inclinazione. Ma fu l'ingresso al Black Mountain College nel 1948 a gettare le basi della sua personale poetica di collaborazione, trasformando l'amicizia in un potente strumento di lavoro. Fondamentale in tal senso fu il sodalizio, originato proprio nella Carolina del Nord, con John Cage e Merce Cunningham che si tradusse in innumerevoli progetti a più mani – come *Theater Piece No. 1* (1952) – l'opera totale di Cage che prevedeva performance simultanee, tra cui letture di poesie, musica, proiezioni di diapositive e film, e a cui Rauschenberg partecipò con una serie dei suoi *White Pantings*. O come lo spettacolo *Minutiae* di Cunningham (1954), la cui registrazione verrà successivamente proiettata al MoMA accanto a *Target with Four Faces* (1955) di Jasper Johns, altro artista con cui Rauschenberg condividerà importanti anni di vita e intense concatenazioni di idee, già a partire dall'iconico *Erased de Kooning Drawing* (1953): dopo che Rauschenberg ebbe completato la laboriosa cancellazione, lui e Johns idearono assieme lo schema per etichettare, opacizzare e incorniciare l'opera.

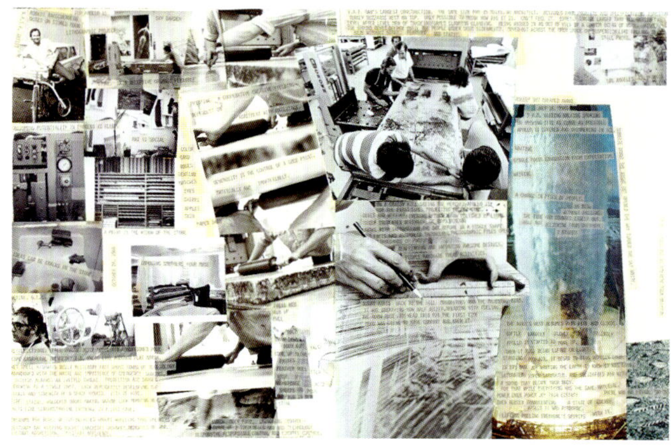

Robert Rauschenberg, *Stoned Moon Drawing*, 1969, fotografie, carta dattiloscritta, Polaroid, riproduzioni a stampa e pastello su cartoncino per illustrazioni / photographs, typewritten paper, Polaroids, printed reproductions, and crayon on illustration board, 50,5 × 73 cm.
Robert Rauschenberg Foundation

L'estrema apertura da parte di Rauschenberg all'utilizzo indifferenziato di media, tecniche e materiali lo portò negli anni sessanta a esplorare sempre più spesso i territori della performance: dalla scultura performativa *Homage to New York* di Jean Tinguely, a cui l'artista americano contribuirà con il suo *Money Thrower for Tinguely's H.T.N.Y.* (1960), alle innumerevoli collaborazioni con coreografi, ballerini e performers che portarono a *Hommage à David Tudor* (1961), *Pelican* (1963) e *Map Room II* (1965), per citarne solo alcune. Contestualmente, Rauschenberg si era avvicinato alle nuove tecnologie attraverso un altro seminale sodalizio, questa volta con l'ingegnere Billy Klüver, con il quale fonderà, nel 1966, il progetto Experiments in Art and Technology, E.A.T., insieme ai Bell Laboratories del New Jersey (grazie anche alla partecipazione di un altro ingegnere, Fred Waldhauer, e di un altro artista visivo, Robert Whitman). Sarà attraverso quello scambio osmotico di idee e discipline che nasceranno opere come *Oracle* (1962-65), *Mud Muse* (1968-71) e soprattutto *9 Evenings: Theatre and Engineering*, l'evento tenutosi tra il 13 e il 23 ottobre 1966 a New York che vide la partecipazione simultanea di artisti, coreografi, musicisti, poeti e ben quaranta ingegneri.

major retrospective dedicated to him, between 2017 and 2018, bore at MoMA the title *Robert Rauschenberg: Among Friends*. Curated by Dickerman and Achim Borchardt-Hume, the exhibition celebrated the importance of creative dialog, structuring itself as an "open monograph" and including works by artists close to Rauschenberg. As Borchardt-Hume noted in the exhibition catalog, the American artist's early enthusiasm for collaborative work was permeated by the utopian spirit of the historical avant-gardes, reinterpreted through American optimism and the emerging post-war period youth culture.

By the late 1940s, his first experiments with Susan Weil—a series of photographs in which the two took turns in the roles of model and producer—foreshadowed this proclivity. Yet, by attending Black Mountain College in 1948, the foundations for his personal and collaborative poetics were laid, transforming friendship into a powerful work instrument. Of paramount importance in that sense was the partnership originated in North Carolina with John Cage, with whom he collaborated, along with Merce Cunningham, for projects such as *Theater Piece No. 1* (1952), a total art form comprised of simultaneous performances including poetry readings, music, slide projections, films, and Rauschenberg's *White Painting* (1951). Or Cunningham's dance *Minutiae* (1954), a later recording of which would be screened at MoMA next to *Target with Four Faces* (1955) by Jasper Johns, another artist with whom Rauschenberg shared important years of his life and an intense interlinking of ideas, starting with the iconic *Erased de Kooning Drawing* (1953): once Rauschenberg had completed the laborious erasure, he and Johns devised a scheme for labeling, matting, and framing the work.

Robert Rauschenberg, Poster per / for *9 Evenings: Theatre & Engineering*, 1966, litografia offset (da un'edizione di 90 esemplari) / offset lithograph (from an edition of 90), 92,7 × 61,6 cm.

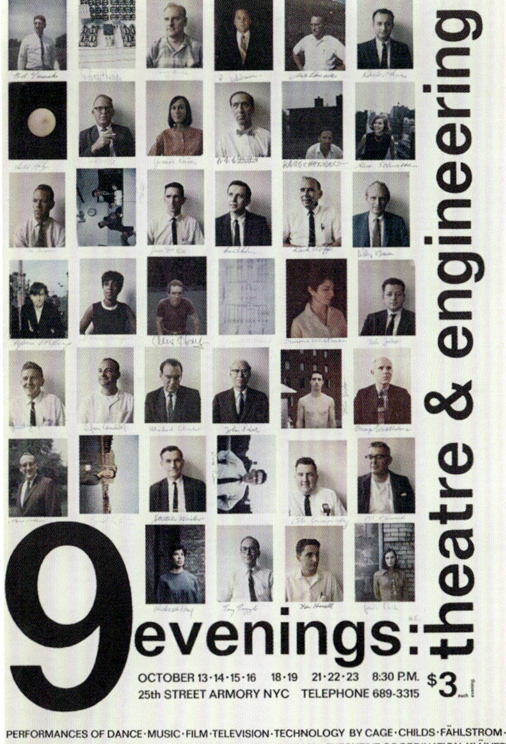

In the 1960s, Rauschenberg's absolute openness to the indiscriminate use of media, techniques, and materials led him to explore increasingly the territories of performance: from the kinetic artwork *Hommage to New York* (1960) by Jean Tinguely, to which the American artist would contribute his *Money Thrower for Tinguely's H.T.N.Y.* (1960), to the myriad collaborations with choreographers, dancers, and performers leading to *Hommage à David Tudor* (1961), *Pelican* (1963), and *Map Room II* (1965), to name a few. At the same time, Rauschenberg had approached new technologies through another seminal partnership, this time with engineer Billy Klüver and Bell Laboratories in New Jersey (in 1966 Rauschenberg also co-founded Experiments in Art and Technology, or E.A.T., with Klüver, Fred Waldhauer, an engineer, and Robert Whitman, a fellow visual artist). That osmotic exchange of ideas and disciplines led to works such as *Oracle* (1962–65), *Mud Muse* (1968–71), and most importantly, *9 Evenings: Theatre and Engineering*, the event that took place in New York from October 13—23, 1966, with the simultaneous participation of artists, choreographers, musicians, poets and as many as forty engineers.

Anche il decennio successivo, dopo il trasferimento della sua residenza principale e dello studio a Captiva Island, sarà caratterizzato da nuove forme di cooperazione, oltre che dal rifiorire del rapporto con Cunningham e Cage che, tra le altre cose, porterà alla produzione di *Travelogue* (1977). Senza dimenticare la lunga e significativa collaborazione con Trisha Brown, originata negli anni sessanta, quando i due si esibirono per la prima volta insieme, proseguita negli anni settanta, quando Rauschenberg creò le scenografie e i costumi di *Glacial Decoy* (1979), il primo spettacolo di Brown in proscenio, e continuata attraverso svariati altri progetti fino al 2002. Infine, gli anni ottanta rappresentano l'apice della sua visione artistica globale, culminata con ROCI (1984-91), Rauschenberg Overseas Culture Interchange, il programma che mirava a incentivare il dialogo interculturale attraverso l'arte portando l'artista ad attraversare i continenti e a integrare nei suoi lavori materiali e influenze dai quattro angoli della terra.

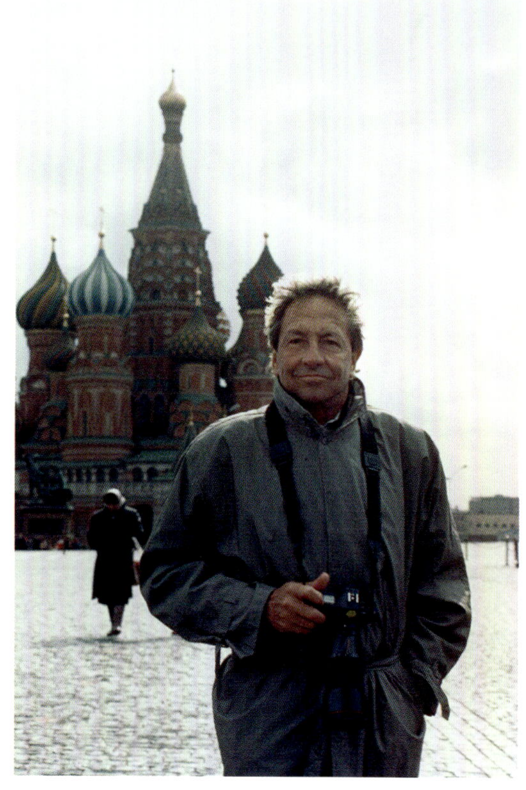

Robert Rauschenberg nella Piazza Rossa di Mosca / Robert Rauschenberg in Red Square, Moscow, 1988. Robert Rauschenberg Foundation Archives, New York

Scrivendo di Rauschenberg negli anni novanta, Leo Steinberg osservò che, per l'artista, "la condizione umana ideale è la compagnia, la convivialità", e sono questi i valori che gli hanno permesso di travalicare frontiere e connettere mondi tra loro distanti per oltre mezzo secolo. Rilette nel 2025 – in un contesto globale che si può descrivere solo ricorrendo a termini come individualismo, confini, conflittualità – le parole di Steinberg potrebbero suonare anacronistiche, se non naïf. Tuttavia, si potrebbe al contrario sostenere che proprio per questo abbiamo più bisogno che mai di sentirle pronunciare. Ed è anche in questo paradosso che risiede la forza dell'opera di Rauschenberg: nella capacità di essere allo stesso tempo controcorrente e puntuale. Guardare alla sua pratica oggi, leggere tra le righe del suo insistere sulla forza delle relazioni, è come sentire in sottofondo una canzone che ci chiede "Why Can't We Be Friends?" e rendersi conto di quanto la domanda sia ancora attuale, a cinquant'anni di distanza. Come ha sottolineato di nuovo Leah Dickerman, il lavoro di Rauschenberg "funge da preistoria per il nostro momento attuale, è il contemporaneo nella sua forma emergente"[2].

È per questo che, a cento anni dalla sua nascita, abbiamo ritenuto opportuno tornare a parlare di lui e di amicizia in campo artistico, intesa come un sostegno paritario, reciproco, duraturo e genuinamente solidale. A *miart*, la Fiera internazionale d'arte moderna e contemporanea organizzata da Fiera Milano, di cui sono Direttore artistico, abbiamo voluto rendere omaggio allo sguardo dell'artista americano costruendo l'identità e la programmazione della manifestazione attorno alla sua figura, sin dal titolo della ventinovesima edizione (4-6 aprile 2025): *among friends*. Lavorando in sinergia con tutti gli stakeholder della fiera e della città di Milano, abbiamo quindi fatto nostre le parole di Rauschenberg – "Tutta la

---

2 *Ibidem*.

The following decade, too, after Rauschenberg relocated his primary home and studio to Captiva Island, would be defined by new forms of cooperation, besides reviving the relationship with Cunningham and Cage, which among other things, led to the production of *Travelogue* (1977). Not to mention the long and significant collaboration with Trisha Brown, which started in the Sixties, when they first performed together, continued in the following decade, when Rauschenberg curated the set design and costumes of *Glacial Decoy* (1979), Brown's first proscenium performance, and went on with several other projects until 2002. Finally, the 1980s represent the pinnacle of his global artistic vision, which culminates in ROCI (Rauschenberg Overseas Culture Interchange, 1984–91), a program aiming to promote intercultural dialogs through art that also led the artist to travel world-wide, integrating materials and influences from all around the globe in his work.
Writing about Rauschenberg in the 1990s, Leo Steinberg observed that, according to the artist, "ideal human condition is companionship, conviviality," as such are the values that allowed him to cross borders and to connect distant worlds for over half a century. Read again in 2025—in a global context that can only be described with terms like individualism, borders, conflict—Steinberg's words might sound anachronistic, if not naïve. Nonetheless, it could be argued that that is exactly why we need to hear them now, more than ever. And it is also in this very paradox that lies the strength of Rauschenberg's work: in his ability to be counter-current and timely at the same time. Looking at his practice today, reading between the lines of his insistence on the strength of relationships, is like hearing a song in the background asking us, "Why Can't We Be Friends?", and realizing how relevant the question remains fifty years later. As Leah Dickerman pointed out again, Rauschenberg's work "serves as a prehistory of our own moment in time, the contemporary in its emergent form."[2]
That is why, one hundred years after his birth, we thought it appropriate to talk again about him and friendship, meant as equal, mutual, lasting, and genuine support, in the artistic field. At *miart*, the International Fair of Modern and Contemporary Art organized by Fiera Milano, of which I am the Artistic Director, we have decided to pay tribute to the American artist's gaze by structuring the content and programming of the event around his persona, starting with the title of the 29th edition (April 4–6, 2025): *among friends*. Working synergistically with all the fair stakeholders and the City of Milan, we have thus embraced Rauschenberg's words—"My whole area of art has always been addressed to working with other people"—starting many ventures leading up to the exhibition *Rauschenberg and the Twentieth Century*, which creates for the first time a dialog between his work and some of the most important masterpieces of the Museo del Novecento.
The American artist's desire to collaborate with the most influential figures in American post-war culture—Cage, Cunningham, Johns, Brown, Klüver, and also Tudor, Feldman, Sturtevant, Giorno, and Twombly—is here mirrored through dialogs that are sometimes impossible or imaginary, but at the same time, imaginative and generative, with the protagonists of more than a century of Italian culture: Giacomo Balla, Umberto Boccioni, Alberto Burri, Arturo Martini, Claudio Parmiggiani, Mario Schifano, Jannis Kounellis, Giulio Paolini, Eliseo Mattiacci, Gilberto Zorio, and Maurizio Cattelan. In its own way, this too is an "open monograph". However, the dialog does not take place between artists only. Rauschenberg, in his own words, was always enticed by "any situation where the final work is the result of more than one person's doing." Therefore, we thought to pay him a proper tribute with a project focused on collective creativity and the

2 Ibid.

mia area artistica è sempre stata rivolta al lavoro con altre persone" – avviando numerose iniziative, il cui culmine è proprio la mostra *Rauschenberg e il Novecento*, che crea per la prima volta un dialogo tra le sue opere e alcuni dei più significativi capolavori ospitati nelle collezioni del Museo del Novecento.
La volontà dell'artista americano di collaborare con le figure più influenti della cultura postbellica americana – Cage, Cunningham, Johns, Brown, Klüver, ma anche Tudor, Feldman, Sturtevant, Giorno, Twombly – è qui rispecchiata da dialoghi a volte impossibili, o immaginari, ma allo stesso tempo immaginifici e generativi con i protagonisti di oltre un secolo di cultura italiana: Giacomo Balla, Umberto Boccioni, Alberto Burri, Arturo Martini, Claudio Parmiggiani, Mario Schifano, Jannis Kounellis, Giulio Paolini, Eliseo Mattiacci, Gilberto Zorio, Maurizio Cattelan. A suo modo, anche questa è una "monografia aperta". Ma il dialogo non è stato solo tra artisti. Rauschenberg si è sempre sentito attratto, a suo stesso dire, da "tutte le situazioni in cui il lavoro finale è il risultato del lavoro di più di una persona". Abbiamo dunque pensato di rendergli un giusto omaggio attraverso un progetto incentrato sulla creatività collettiva e sulle potenzialità delle connessioni, e che non sarebbe stato possibile se non attraverso la collaborazione di un gruppo eterogeneo di "amici", tra cui Gianfranco Maraniello, Viviana Bertanzetti, Iolanda Ratti, Eleonora Molignani, José Castañal, Markus Kormann, Chiara Ceccutti, Margherita Scirpa, Andrea Manti, Lorenzo Mason, Lara Facco, Camilla Invernizzi, Erica Galvan, Valentina Gervasoni, Massimo Mirtani, e tanti altri che preferiscono rimanere anonimi.
La nostra speranza è che rendere visibili e tangibili tutte queste reti di relazioni e di valori possa aiutare a ribadire l'importanza di un supporto autentico tra istituzioni, fiere, amministrazioni, artisti, curatori, collezionisti, gallerie – mantenuto non per convenzione o convenienza, ma per la volontà attiva di rafforzare l'offerta e la coesione di un sistema culturale condiviso. Con questo auspicio, e in attesa che l'amicizia ritrovi il proprio posto nel dibattito contemporaneo, non ci resta che augurarti buon compleanno Bob, e altri cento di questi anni.

potential of connections, a project that would have not been possible without the collaboration of a mixed group of “friends”: Gianfranco Maraniello, Viviana Bertanzetti, Iolanda Ratti, Eleonora Molignani, José Castañal, Markus Kormann, Chiara Ceccutti, Margherita Scirpa, Andrea Manti, Lorenzo Mason, Lara Facco, Camilla Invernizzi, Erica Galvan, Valentina Gervasoni, Massimo Mirtani, and many others who prefer to remain anonymous.
Our hope is that making all these networks of relationships and values visible and tangible may help to reassert the value of true support among institutions, fairs, administrations, artists, curators, collectors, and galleries—a support to be upheld not as a rulebook or out of convenience, but by an active desire to improve the provision and cohesion of a shared cultural system. With this hope and waiting for friendship to reclaim its place in contemporary discourse, all that is left to say is: happy birthday, Bob. And many happy returns.

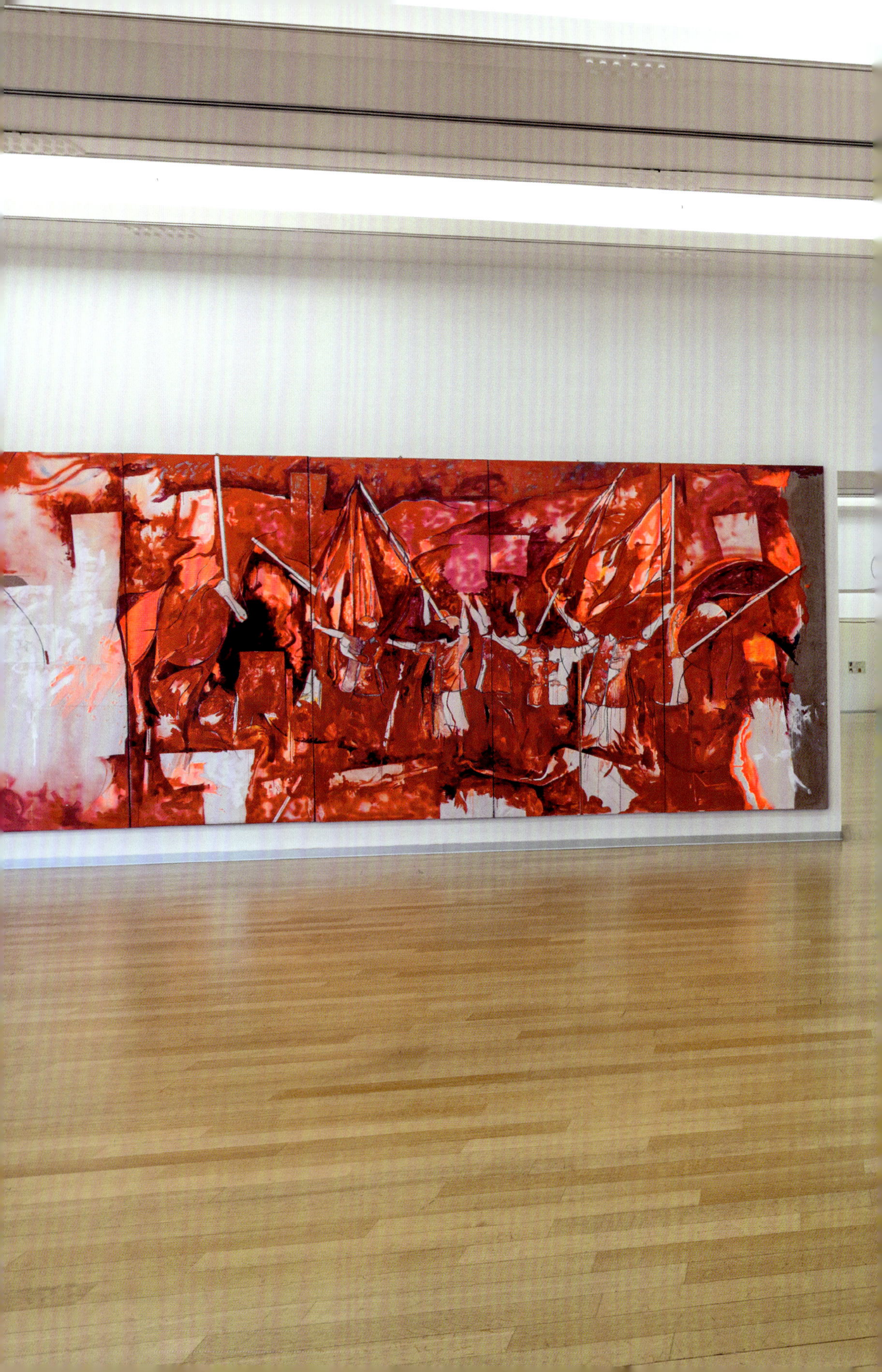

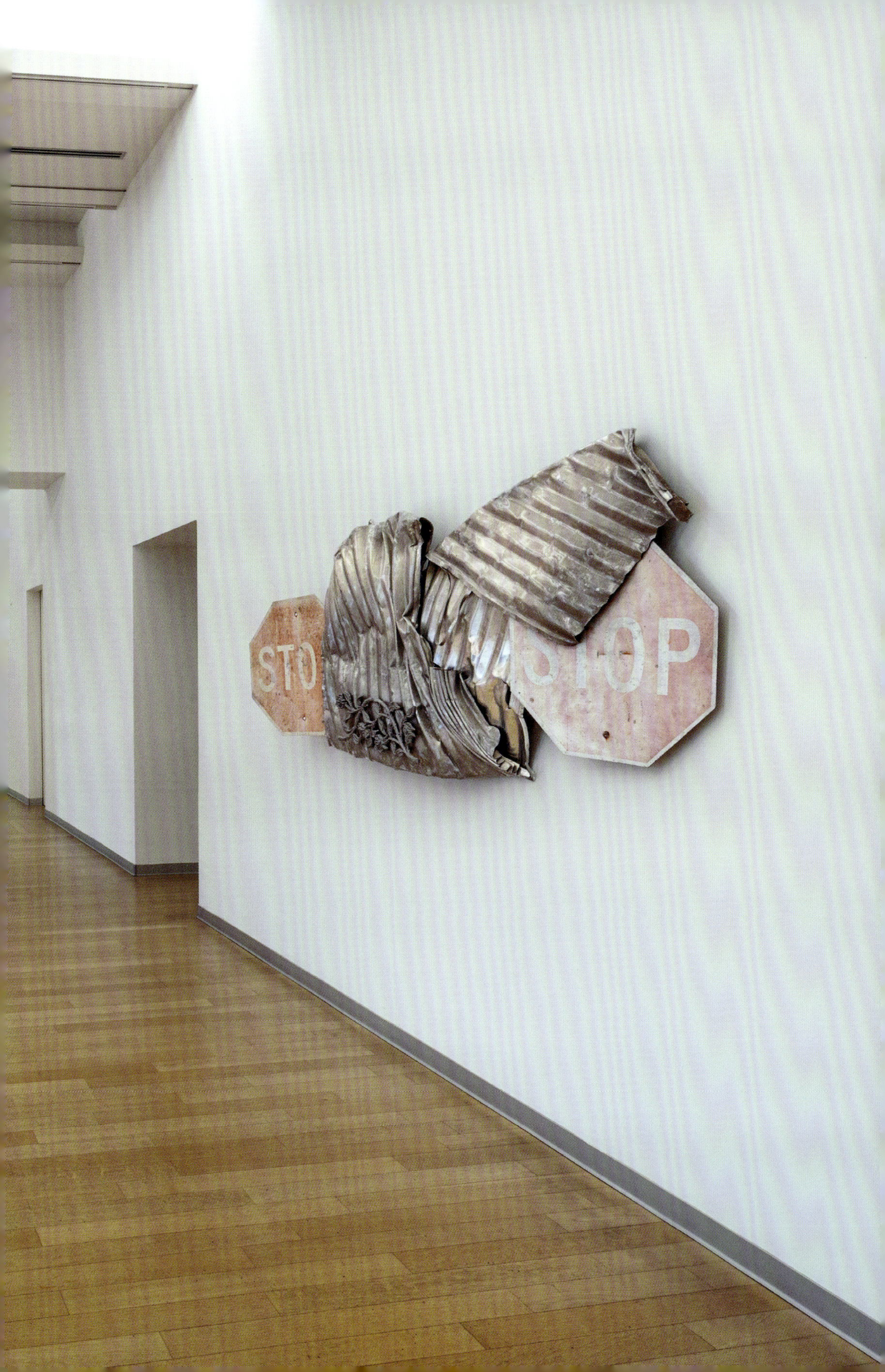
STO
STOP

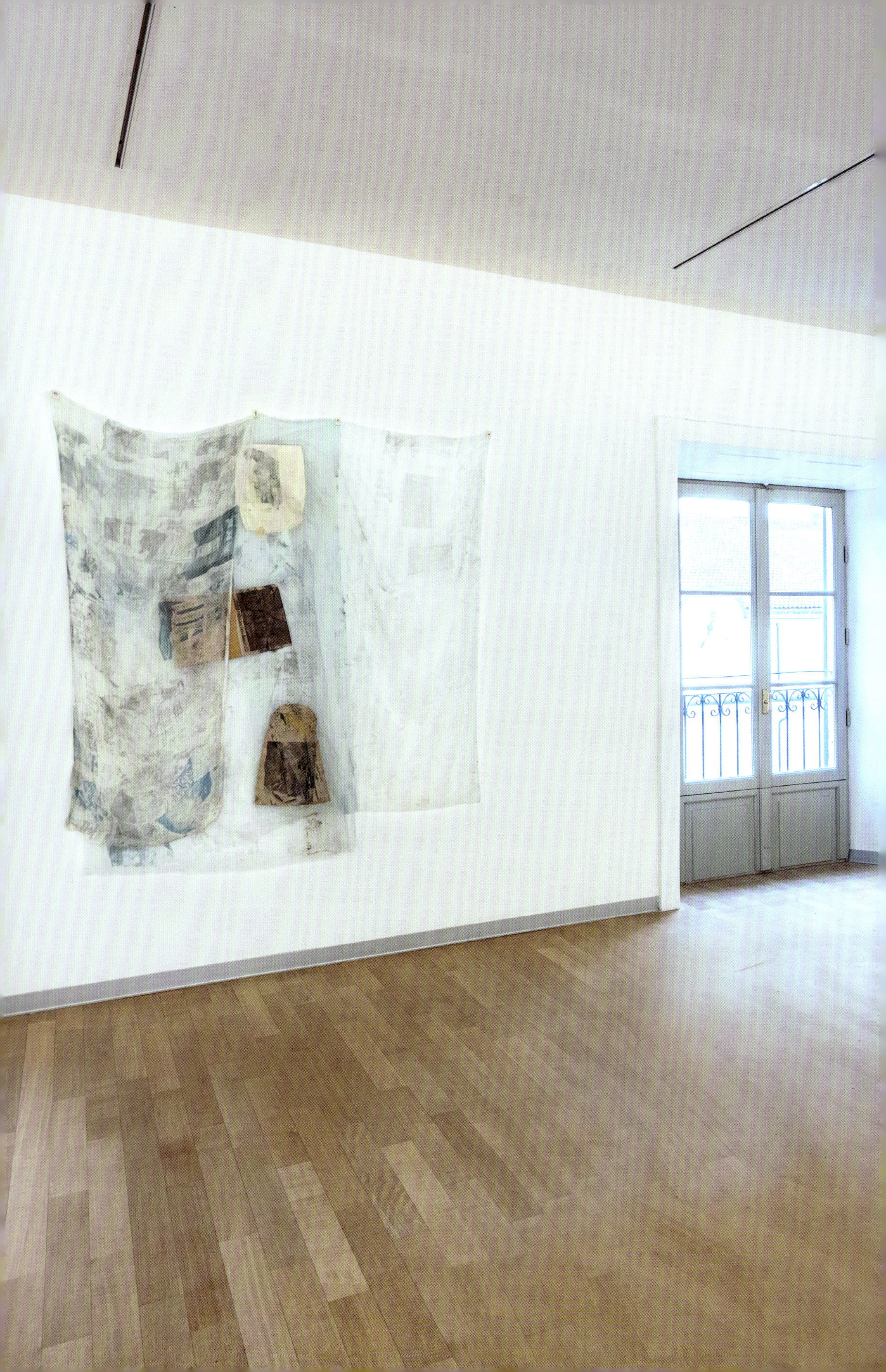

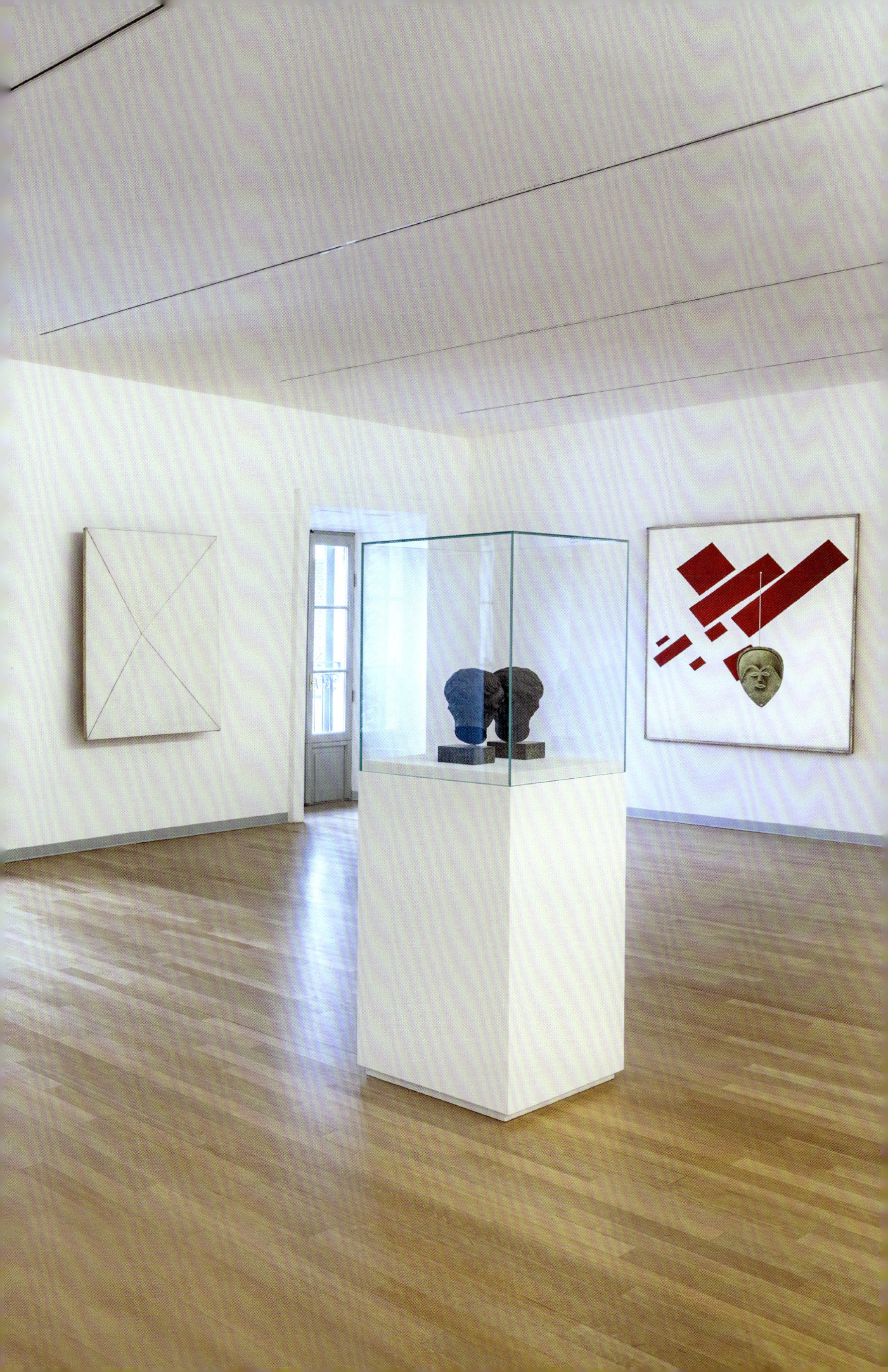

Whisky con ghiaccio

Viviana Bertanzetti

New York, Pearl Street. Domenica pomeriggio, piove.
Uno studio velato dal tempo, gremito di oggetti trovati, pezzi di legno, immagini ritagliate e incollate alla rinfusa. Un giovane artista texano offre un bicchiere di whisky a un poliglotta europeo che si appresta a diventare gallerista:
"Con o senza ghiaccio?"
"Con", risponde il mercante.
"Allora scusatemi, devo lasciarvi qualche istante: il frigorifero sta dal mio vicino del piano di sotto – anche lui artista – Ne abbiamo uno in due".
La comitiva si sposta al piano inferiore.
Quello che diventerà *il* Gallerista per eccellenza aggiunge "l'artista del piano di sotto" alla sua scuderia, rassicura il texano sulla sua futura mostra in galleria, ma lo lascia concretamente a bocca asciutta[1].
È il 1957 e in quell'istante, forse, cambia la storia dell'arte americana. Di sicuro si apre uno spiraglio.

---

1 Ann Hindry (a cura di), *Claude Berri rencontre Leo Castelli*, Renn, Paris 1990. Durante la prima visita di Leo Castelli e Ileana Sonnabend allo studio di Robert Rauschenberg nel 1957, una casuale necessità di ghiaccio li conduce a incontrare anche Jasper Johns, che lavora al piano inferiore. Colpiti dalla sua opera, già notata da Castelli al Jewish Museum, decidono di acquistare un suo lavoro e di programmarne una mostra. Il 4 marzo 1958 Castelli propone a Rauschenberg la sua prima personale in galleria.

Whiskey on the Rocks

Viviana Bertanzetti

Pearl Street, New York, Sunday afternoon. It is raining.
A study patinated by time and stuffed with found objects, pieces of wood, images randomly cut out and glued. A young Texan artist hands a European polyglot, who is readying himself to become an art dealer, a glass of whiskey:
"With or without ice?"
"With," the trader replies.
"You must excuse me then, I'll be right back; the fridge is downstairs, at my neighbor's—also an artist. We share it."
The entourage moves downstairs.
The one who will become *the* gallerist par excellence will add "the downstairs artist" to his roster of signed artists, reassuring the Texan on his future gallery show but, concretely, leaving him high and dry.[1]
It is 1957 and in that moment, maybe, the history of American art has just changed. At the very least, a window has opened.

---

1 Ann Hindry (ed.), *Claude Berri rencontre Leo Castelli* (Paris: Renn, 1990). During Leo Castelli and Ileana Sonnabend's first visit to Robert Rauschenberg's studio in 1957, an impromptu need for ice led them to meet Jasper Johns who worked downstairs. Struck by his work, which Castelli had already noticed at the Jewish Museum, they resolved to purchase one of his works and organize a show. On March 4, 1958, Castelli opened Rauschenberg's first solo exhibition in the gallery.

"Jasper era contentissimo, ovviamente – racconta Ileana Sonnabend[2] – e Bob non era scontento".
È una storia raccontata mille volte. Eppure continua a parlarci.
Narra l'arte americana che cambia "in una stagione in cui la cultura aiuta l'osmosi interessante e rigenerante dello scambio e della partecipazione"[3].
Si racconta al mondo un nuovo modo di fare arte, di approcciarla, di condividerla.
Un mondo *alla Rauschenberg*.
Non è un caso se tutto parte da un gesto ordinario, quasi trascurabile, offrire un drink.
Perché l'arte di Rauschenberg fa questo: serve il quotidiano sulla tavola dell'estetica, rimescola semplicità e sacro, scarto e sublime. Ma soprattutto sposta lo sguardo: dal quadro finito al processo, dall'artista come genio isolato all'artista come antenna.
Rauschenberg è più di un artista: è un crocevia, un contagio.
In queste pagine non cercheremo di definirlo, ma piuttosto di seguirne le tracce, come si segue il profumo lasciato da qualcosa che non c'è più, ma che pervade l'aria.
Le sue opere sono semi lanciati in campi lontani: la musica sperimentale, il teatro post-drammatico, le nuove forme dell'arte contemporanea.
Perché Rauschenberg non ha semplicemente fatto arte. Ha insegnato al mondo ad aver curiosità per l'inaspettato, il diverso, lo sconosciuto. A vedere le connessioni. A leggere il rumore.
A credere che anche un whisky con ghiaccio condiviso possa essere ricchezza e, talvolta, persino rivoluzione.

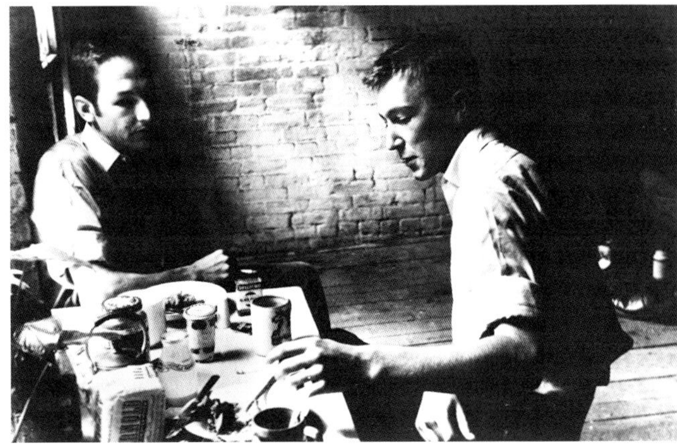

Robert Rauschenberg e / and Jasper Johns nello studio in Pearl Street di Johns / in Johns's Pearl Street studio, circa / ca. 1954. Robert Rauschenberg Foundation Archives, New York

Rauschenberg e la fine delle distinzioni

Alla fine degli anni quaranta, la pittura pare essersi chiusa su sé stessa, intrappolata nell'eroismo solitario dell'Espressionismo Astratto.
Robert Rauschenberg la smonta, la contamina con stupore. Si muove come un esploratore affamato: visita musei per conoscere il più possibile e poi si tuffa nella pittura, stende il colore con le mani, rifiuta che il pennello si frapponga tra lui e l'immagine. Per imparare tutto, e oltre.
Cresce a Port Arthur, Texas, tra fumi di raffineria e orizzonti industriali: "Se volevi fare arte dovevi andare in Francia", si diceva. Lui però dopo l'Académie Julien sceglie il Black Mountain College, sotto la guida di Josef Albers, il maestro della disciplina, da cui impara per contrasto. Dalla frustrazione nascono i famosi *White Paintings* (1951), ma la sua ossessione non è accademica: è spingere la pittura fin dove può fisicamente immaginarla.
Dal 1951, anno della sua prima personale alla Betty Parsons Gallery, attraversa

2 Ileana Sonnabend, intervista con Annie Cohen-Solal, 14 agosto 2005, in Annie Cohen-Solal, *Leo Castelli et les siens*, Gallimard, Paris 2009.

3 Così, in una conversazione telematica con la sottoscritta, testimonia Paolo Icaro, artista che quell'ambiente e quel periodo li ha vissuti in prima persona.

"Jasper was delighted, of course," Ileana Sonnabend says, "and Bob was not disappointed."[2]

The story has been told a thousand times. Yet, it still resonates.

It describes American art changing, "in a season in which culture aids the interesting and regenerates on osmosis of exchange and participation."[3]

It tells the world about a new way of making, approaching, and sharing art.

The world according *to Rauschenberg*.

It is no coincidence that it all began with an ordinary, basically unimportant gesture like offering a drink. Because Rauschenberg's art does this: it dishes out the mundane at the table of aesthetics, remixing the simple and the sacred, waste and sublime. But above all, he shifts the gaze: from a finished painting to the process, from the artist as an isolated genius to the artist as an antenna.

Rauschenberg is more than an artist: he is a crossroads, a cross-pollinator.

In these pages, we will attempt not to define him, but rather, to follow his traces, like one follows the scent left by something that is no longer there, yet still fills the air.

His works are seeds sown in faraway fields: experimental music, post-dramatic theater, new forms of contemporary art.

Because Rauschenberg did not simply make art. He taught the world to be interested in the unexpected, the different, the unknown. To see the connections. To read the noise.

To believe that even a whiskey with borrowed ice can be wealth, and sometimes, even revolution.

Rauschenberg and the end of distinctions

At the end of the 1940s, painting seems to have closed in on itself, trapped in the solitary heroism of Abstract Expressionism.

Robert Rauschenberg dismantles it, adulterating it with amazement. He moves like a hungry explorer: he visits museums to learn as much as possible and then dives into painting, spreading the color with his hands, refusing to let the brush come between him and the image. To learn everything—and more.

He grows up in Port Arthur, Texas, among oil refinery fumes and industrial skylines: "If you wanted to make art, you had to go to France," they used to say. However, after attending the Académie Julian, he chose the Black Mountain College under the mentorship of Josef Albers, a master of discipline—from whom he learns through divergence. Frustration gives rise to the famous *White Paintings* (1951), though his obsession is not academic; it is pushing painting as far as he can physically conceive.

Since 1951, the year of his first solo exhibition at Betty Parsons Gallery, he has traversed languages, materials, and techniques without ever trying to possess them. He is driven by an insatiable curiosity for everything he does not know, yet.

"An awful lot of time is consumed in apprehension and fear and worry that could be used in action."[4]

And he acts. Always.

In 1953, he erases a drawing by Willem de Kooning (*Erased de Kooning Drawing*) to create space. Space as a poetic gesture. The same that animates the Combine paintings (1954–64), works that defy the restriction of definition, which are

---

2 Ileana Sonnabend, interview with Annie Cohen-Solal, August 14, 2005 in Annie Cohen-Solal, *Leo Castelli et les siens* (Paris: Gallimard, 2009).

3 Thus Paolo Icaro testified in a telematic conversation with the present author; artist who had first-hand experience of that scene and time.

4 "Close/Rauschenberg," *Charlie Rose*, episode 8040, February 27–28, 1998. Television broadcast (60 minutes) produced by PBS Network. It includes a screening of a conversation that took place in fall 1997 at the Peter B. Lewis Theater (Solomon R. Guggenheim Museum, New York) and an interview with Rauschenberg and Rose.

linguaggi, materiali, tecniche, senza mai cercare di possederli. A guidarlo è una curiosità insaziabile per tutto ciò che non conosce ancora.
"Una terribile quantità di tempo viene consumata in apprensione, paura e preoccupazione... potrebbe essere usata per agire"[4].
E lui agisce. Sempre.
Nel 1953 cancella un disegno di Willem de Kooning (*Erased de Kooning Drawing*) per fare spazio. Spazio come gesto poetico. Lo stesso che anima i Combine paintings (1954-64), opere che non si lasciano chiudere in definizioni, che non vogliono essere belle, ma aperte, mai complete, vive.
Nel suo lavoro arte e vita si mescolano senza soluzione di continuità, una tela può essere un letto (*Bed*, 1955), una capra tassidermizzata con uno pneumatico al collo (*Monogram*, 1955-59), un agglomerato metallico (*Gluts*, 1986-89/1991-94), un'immagine stampata su di un pannello di ceramica (*Japanese Recreational Clayworks*, 1982-83/1985), una scatola di cartone viaggiata (*Cardboards*, 1971-72). Tutto è potenzialmente arte. Basta guardarlo con occhi nuovi.
Nel 1970 trasferisce casa e studio dalla frenetica New York alla tranquilla Captiva Island, in Florida, dove continua a collezionare oggetti, frammenti di quotidiano, che comprende nei suoi lavori come si accoglie un ricordo, un rumore, un incontro. Non lo fa per stupire. Lo fa per invitarci a guardare con attenzione.
Perché è così facile abituarsi a ciò che ci circonda, pensare che sia solo utile, o invisibile.
"Ma tutto ciò che può riflettere la luce è di qualche interesse"[5].
Robert Rauschenberg non insegue uno stile, ma la frizione. Esplora l'interferenza tra le cose. Lavora senza un piano apparente, si lascia accadere. Lavorare è gioia, è arrivare a sentirsi invisibile.
La sua influenza si propaga poi ovunque: Andy Warhol, Mike Kelley, Tracey Emin, Bruce Nauman... Tutti figli di quella visione aperta, stratificata, rumorosa, in cui l'arte non rappresenta il mondo, lo ingloba.
E anche oggi, che i confini tra le discipline si sfaldano come carta bagnata, Robert Rauschenberg ci dona una verità profonda: la curiosità è l'unica guida necessaria.
E che, sì, l'arte è davvero questo: un'avventura senza scopo apparente.
Ma è proprio lì che, a sorpresa, qualcosa accade.

Robert Rauschenberg, oggi
Cosa resta oggi di Robert Rauschenberg?
Qualcosa che non si può solo esporre, né raccontare per intero: un modo di stare al mondo.
Robert Rauschenberg è sì un artista cruciale del Novecento, ma è soprattutto una domanda continua.
Un invito a guardare il mondo, a leggere nel caos, a sporcarsi le mani e non solo.
Ad accettare di non capire tutto. A non avere fretta. A ragionare senza schemi.
Nel suo lavoro non c'è gerarchia, convivono materiali e pensieri, forme e intuizioni.
Tutto si interroga. Tutto può divenire arte, se siamo pronti ad afferrare.
La mostra al Museo del Novecento celebra, in Italia, il centennale della nascita di uno dei più grandi innovatori di sempre. Rauschenberg "ha inventato più di qualsiasi artista dopo Picasso" disse una volta Jasper Johns[6].
Portare Rauschenberg a Milano oggi è una dichiarazione di attualità, significa riconoscere che la sua ricerca continua a coinvolgerci. Che ci riguarda. Che ci interroga.

---

4 "Close/Rauschenberg", *Charlie Rose*, episodio 8040, 27-28 febbraio 1998. Trasmissione televisiva (60 minuti) prodotta dalla PBS Network. Include la proiezione di una conversazione svoltasi nell'autunno del 1997 al Peter B. Lewis Theater del Museo Solomon R. Guggenheim di New York e un'intervista a Rauschenberg e Rose.
5 *Ibidem.*
6 Calvin Tomkins, *Master of Invention*, in "The New Yorker", 13 ottobre 1997, p. 92.

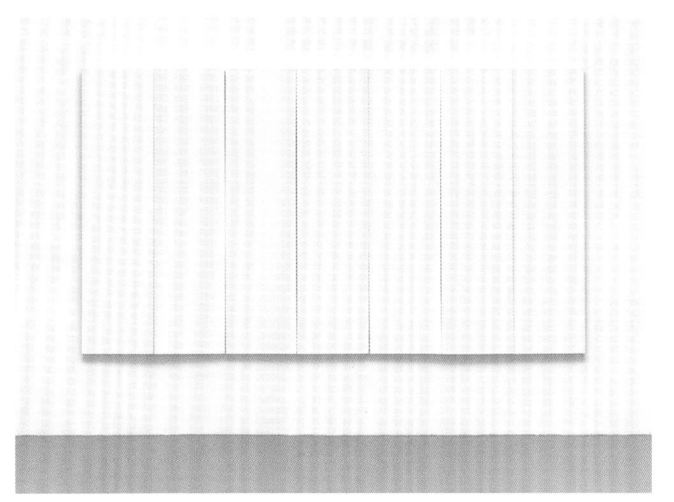

Robert Rauschenberg, *White Painting*, 1951,
vernice domestica su tela / house paint on canvas,
182,9 × 320 cm (misure complessive / overall).
Robert Rauschenberg Foundation

not meant to be beautiful but open, never completed, alive.
In his practice, art and life mix seamlessly, a canvas can be a bed (*Bed*, 1954), a taxidermied goat with a tire around its belly (*Monogram*, 1955–59), a metal jumble (*Gluts*, 1986–89/1991–94), images on a ceramic panel (*Japanese Recreational Clayworks*, 1982–83/1985), a travelled cardboard box (*Cardboards*, 1971–72).
Everything is potentially art. You just have to look at it with fresh eyes.
In 1970, he relocates his primary home and studio from hectic New York to Captiva Island, Florida, where he continues to collect objects, fragments of daily life that he houses in his works as a memory, a noise, an encounter taken in.
He does it not to amaze. He does it to encourage us to look carefully.
Because it is so easy to take what surrounds us for granted, thinking it is only useful, or invisible.
"Yet anything that can reflect light is of some interest."[5]
Robert Rauschenberg does not pursue a style but friction. He explores the interference between things. He works with no apparent plan, he allows himself and things to happen. Work is joy, getting to feel invisible.
Then his influence spreads everywhere: Andy Warhol, Bruce Nauman, Mike Kelley, Tracey Emin... All offspring of that open, stratified, and noisy vision, in which art does not depict the world, but encompasses it.
And even today, as the boundaries between disciplines crumble like wet paper, Robert Rauschenberg gifts us a deep truth: curiosity is the only necessary guide.
Yes, art really is this: an adventure with no apparent purpose.
Yet, that is exactly where, surprisingly, something happens.

Robert Rauschenberg, today
What is left of Robert Rauschenberg today?
Something that cannot be merely exhibited, nor fully described: it is a way of being in the world.
Robert Rauschenberg is indeed a seminal 20th century artist, but above all, he is an ongoing query.
An exhortation to look at the world, to read the chaos, to get one's hands dirty and more. To accept the non-understanding of everything. To not rush. To think outside the box.
His work is devoid of hierarchy; materials and thoughts, forms and intuitions coexist.
Everything is questioned. Everything can be turned into art provided we are prepared to grasp it.

---

5 Ibid.

Nel nostro tempo frammentato, instabile, in cui l'immagine scivola e la realtà si ricompone di continuo, il suo sguardo è necessario.
E allora, come in mostra, per aprire alla chiusura, ricordiamo la dedizione con cui tra il 1984 e il 1991 Robert Rauschenberg dà vita al progetto ROCI (Rauschenberg Overseas Culture Interchange)[7]: un gesto tangibile dell'impegno a lungo termine per i diritti umani e la libertà di espressione artistica. Viaggia in Paesi di tutto il mondo, spesso in luoghi dove la sperimentazione è repressa, con l'obiettivo di avviare un dialogo e raggiungere una comprensione reciproca attraverso il processo creativo.
Non si tratta di opere.
Si tratta di un manifesto imprescindibile: l'arte non è separata dalla vita, è parte della cura.
È parte del respiro.
Non ci rimane che accogliere l'invito e metterci in gioco: che cosa potrei vedere, oggi, che non ho mai visto prima?

7 ROCI (Rauschenberg Overseas Culture Interchange) è un progetto artistico internazionale ideato tra il 1984 e il 1991. L'obiettivo è promuovere il dialogo culturale attraverso l'arte, superando confini politici e ideologici. Robert Rauschenberg viaggia in dieci paesi al di fuori degli Stati Uniti, spesso segnati da tensioni politiche o da regimi repressivi (come Messico, URSS, Cuba, Cina e Malesia). In ogni luogo collabora con artisti locali, studia materiali e tradizioni artigianali. Tornato nel suo studio di Captiva, in Florida, realizza opere ispirate alla visita. Tali lavori vengono poi rispediti nel paese visitato per essere esposti in loco, in mostre che uniscono le creazioni dell'artista americano alle realtà culturali locali. ROCI non è solo un progetto artistico, ma un'iniziativa civile: Rauschenberg crede infatti che l'arte possa essere uno strumento di comprensione reciproca e di pace tra i popoli. Attraverso ROCI, l'artista trasforma il gesto creativo in un vero e proprio atto di scambio, ascolto e apertura verso il mondo.

The exhibition at the Museo del Novecento celebrates in Italy the centenary of the birth of one of the greatest innovators ever. Rauschenberg "invented more than any artist since Picasso," Jasper Johns once said.[6]
Bringing Rauschenberg to Milan today is a statement about his newness, it means recognizing that his work continues to engage us. It concerns us. It questions us. In our fragmented, unstable time, in which images slip away and reality is continually reassembled, his gaze is needed.
And so, like in the exhibition, to face closure with opening, we shall recall the commitment with which Robert Rauschenberg worked on the ROCI project (Rauschenberg Overseas Culture Interchange)[7] between 1984 and 1991: a tangible act of long-term commitment to human rights and freedom in artistic expression. He traveled across the world and often to countries where experimentation is suppressed, with the objective of starting a dialog and establishing mutual understanding through the creative process.
It is not about artworks.
It is an essential manifesto: art is not separate from life, it is part of the cure.
It is part of breathing.
We just have to embrace the invitation and put ourselves out there: what could I see today that I have never seen before?

---

6 Calvin Tomkins, "Master of Invention," *The New Yorker* (October 13, 1997): 92.
7 ROCI (Rauschenberg Overseas Culture Interchange) is an international art project created between 1984 and 1991. Its aim is to promote cultural exchange through art, by overcoming political and ideological boundaries. Robert Rauschenberg travels to ten countries outside the U.S, many of which are defined by political tensions or repressive regimes (including Mexico, the USSR, Cuba, China, and Malaysia). He collaborates with local artists, studies traditional materials and crafts. Back at his studio in Captiva, Florida, he created works inspired by the visit. These pieces were then sent back to the visited country to be exhibited locally, in shows that combined the American artist's creations with the local cultural realities. ROCI is not just an artistic project, but a civil undertaking. In fact, Rauschenberg believes that art can be a tool for mutual understanding and peace between peoples. Through ROCI, the artist transforms the creative gesture into a true act of exchange, listening, and openness to the world.

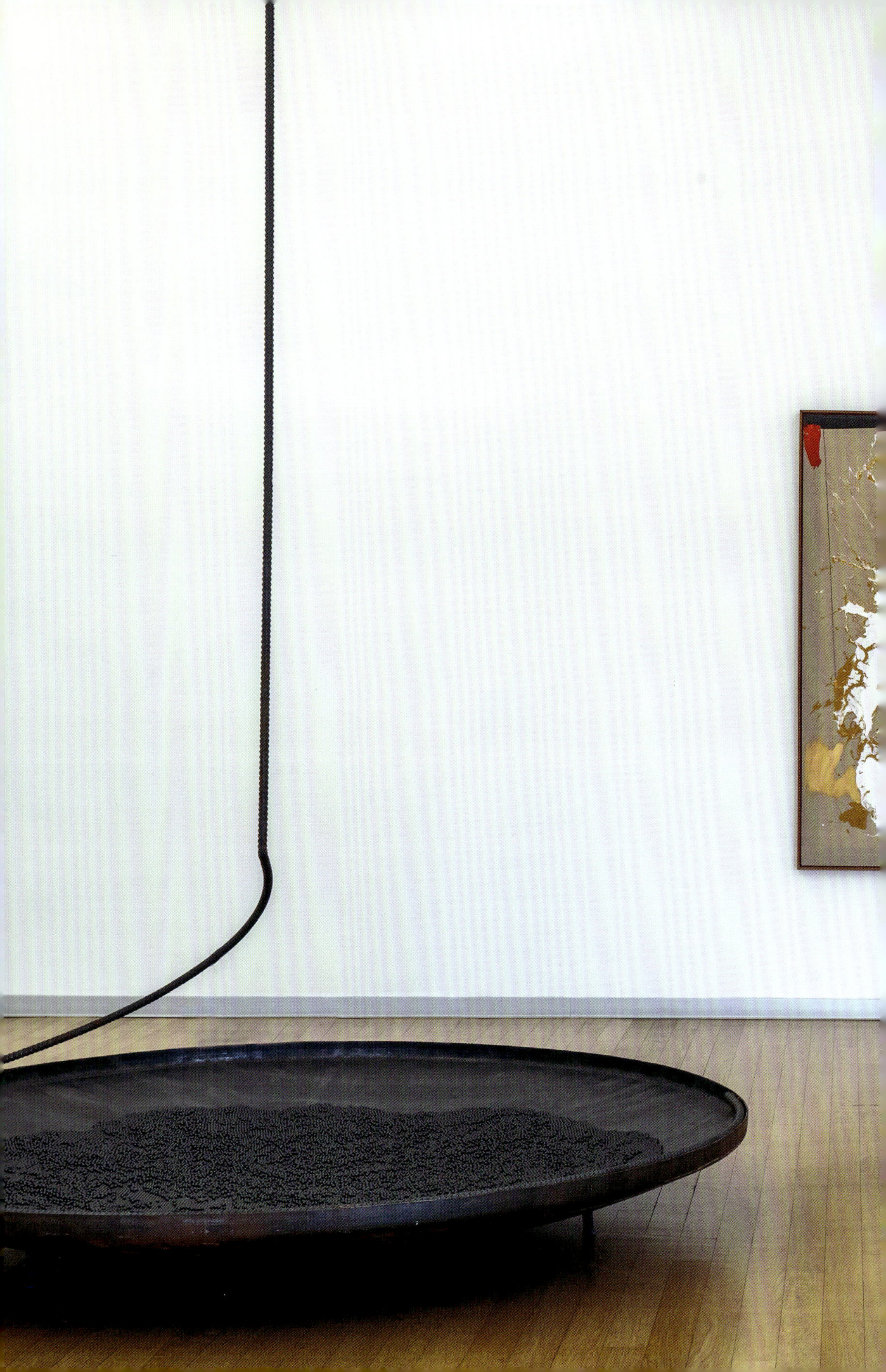

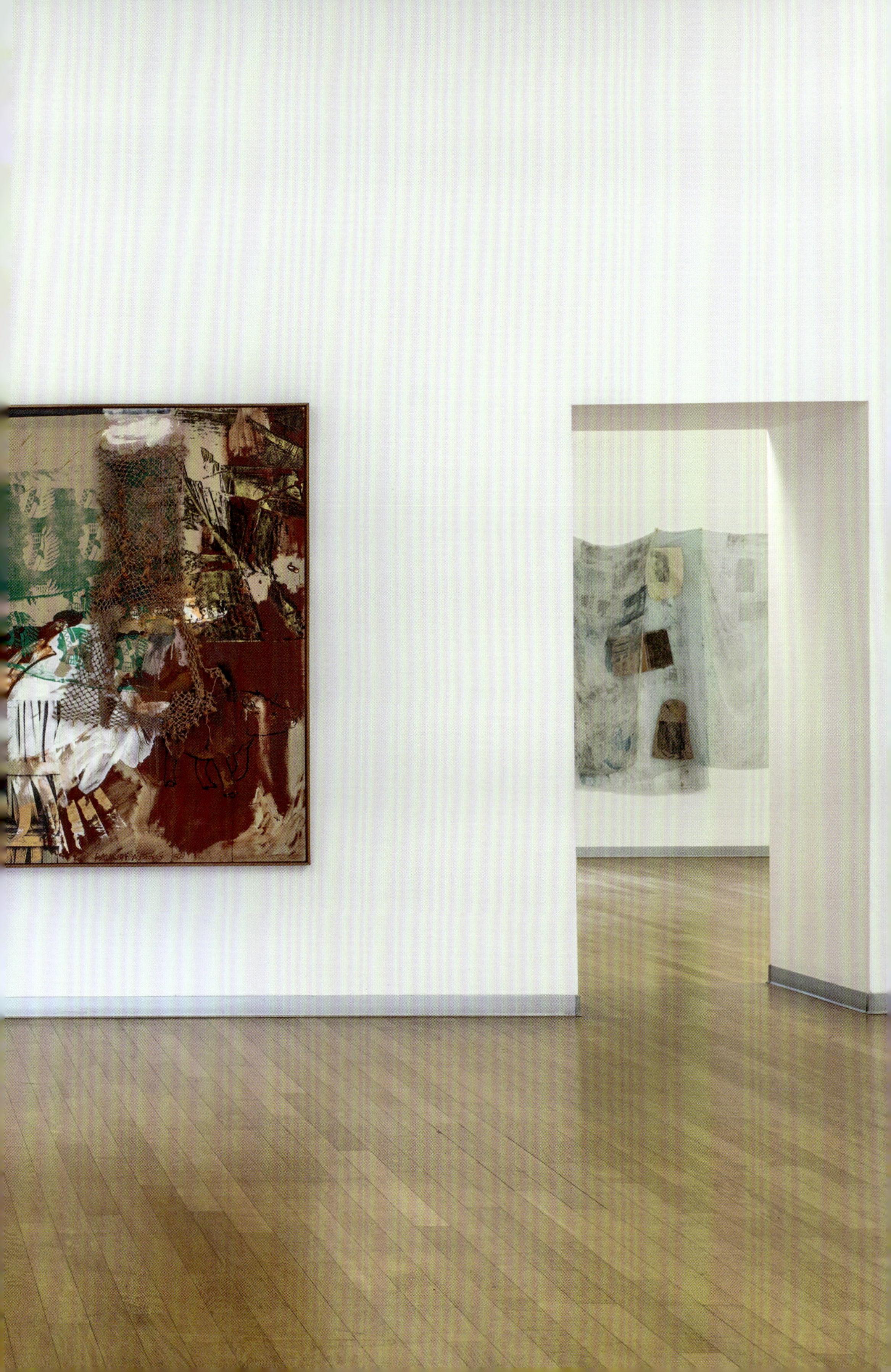

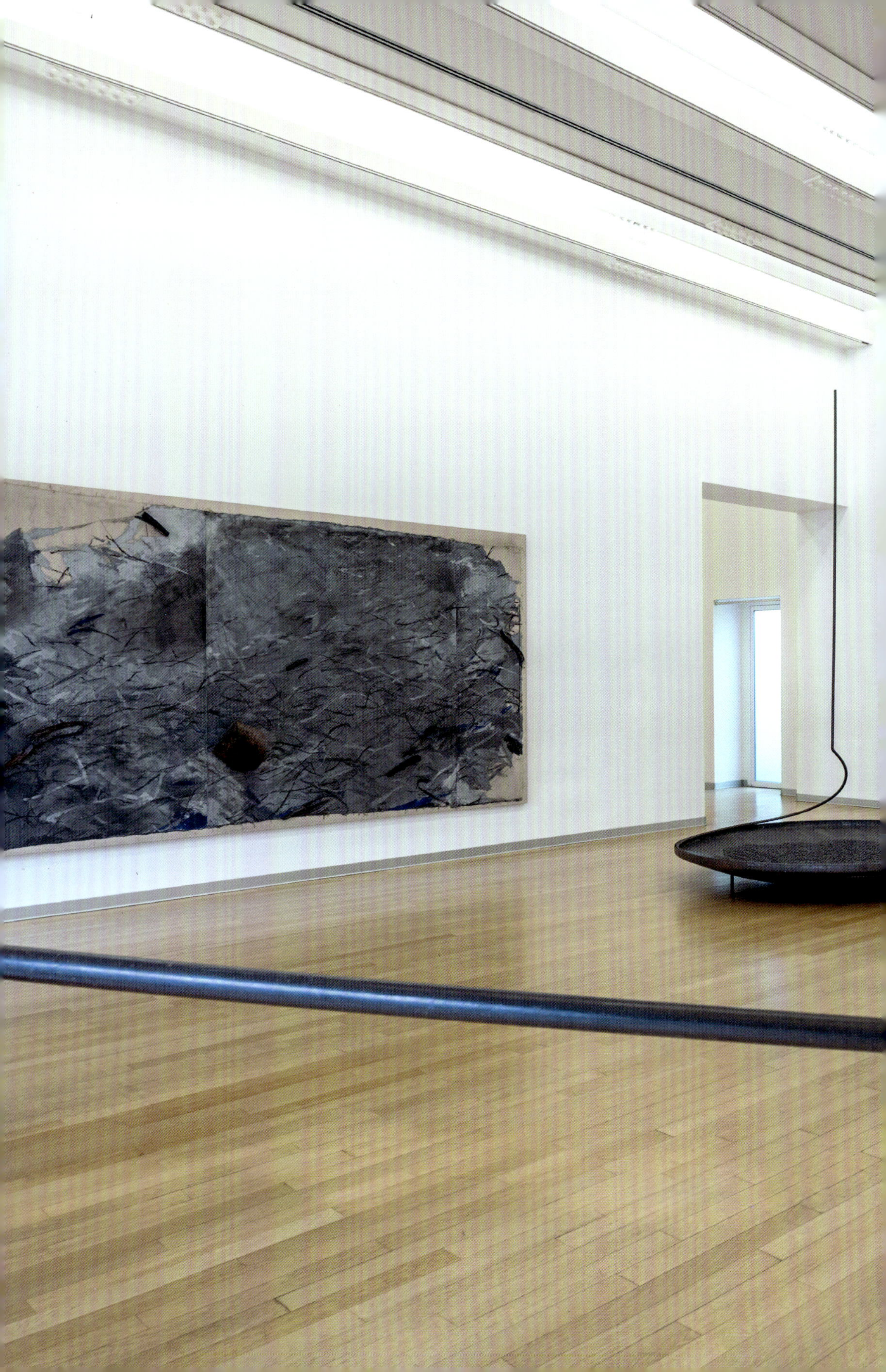

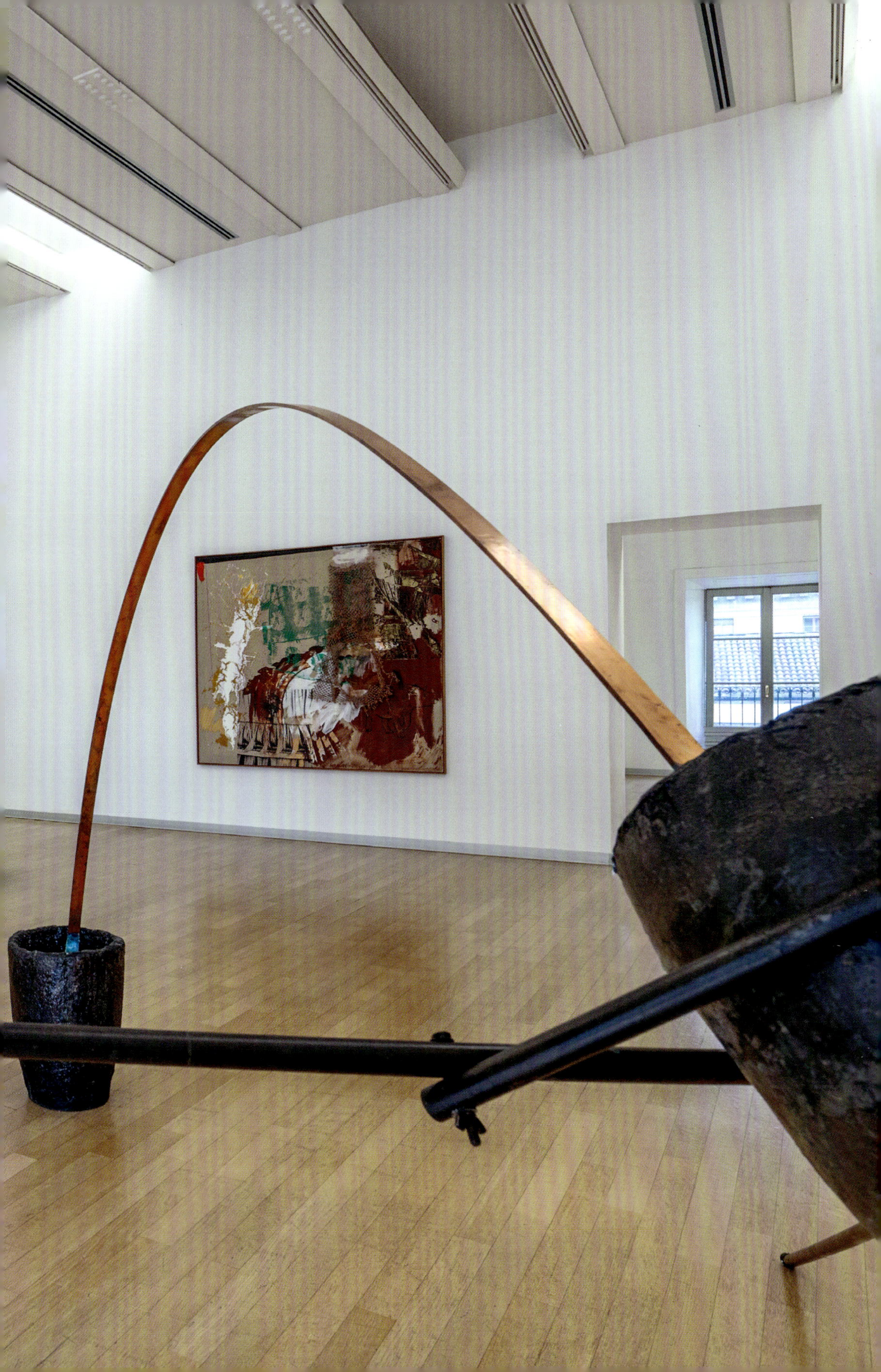

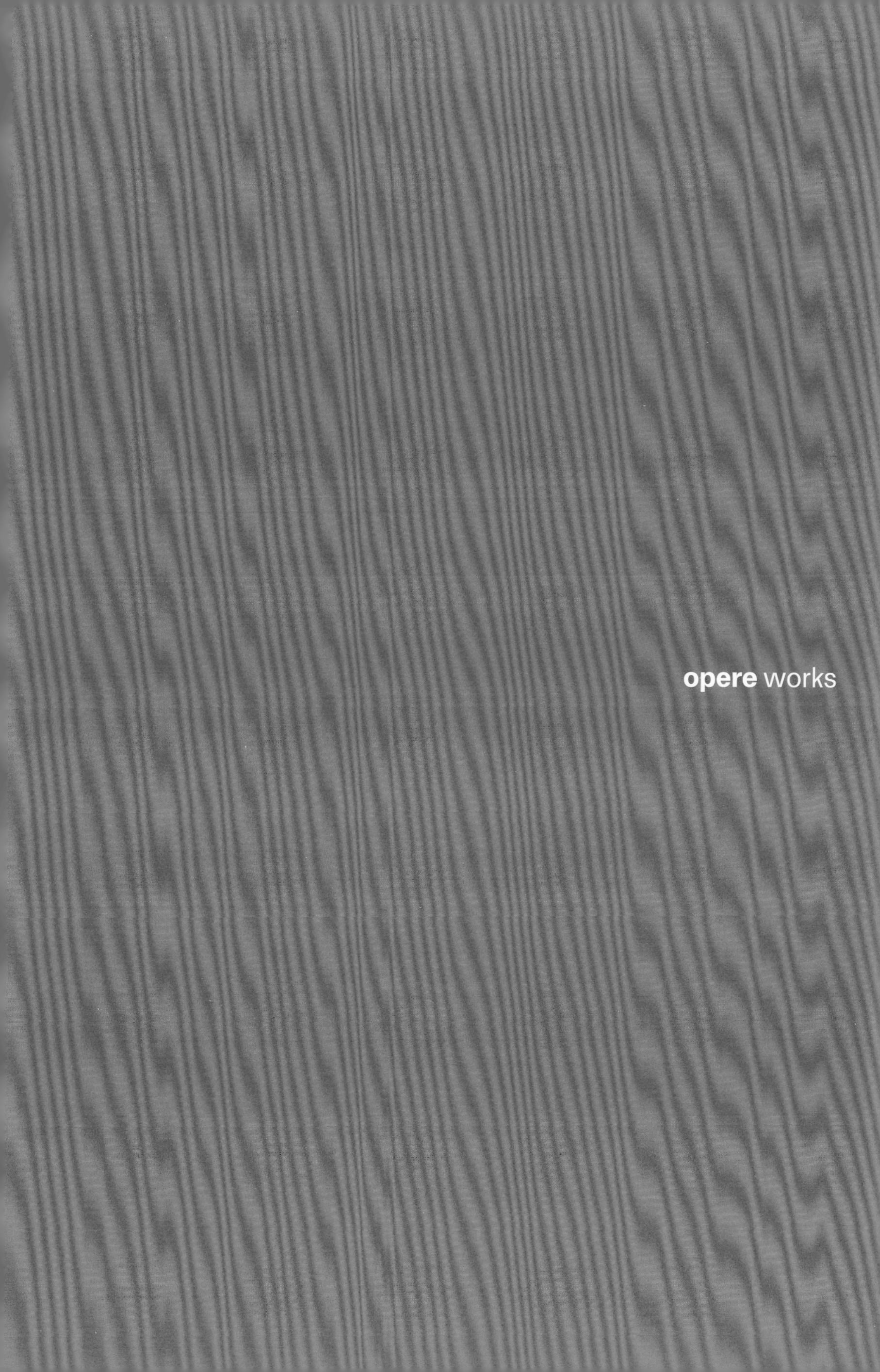

opere works

Bumper Slip Late Summer Glut

1987
Metallo assemblato / Assembled metal
132,5 × 178,7 × 55,7 cm
Courtesy of the Robert Rauschenberg Foundation, New York, and Thaddaeus Ropac, London, Paris, Salzburg, Milan, Seoul

Con la serie *Gluts* (1986-89/1991-94), Robert Rauschenberg dà nuova vita a rottami automobilistici e residui di stazioni di servizio, trasformandoli in sculture dalla forte valenza simbolica: iniziati a metà degli anni ottanta, in un periodo segnato dall'eccesso di produzione petrolifera e dal successivo crollo del prezzo al barile, trattengono l'energia della materia e si fanno testimoni di un'epoca di abbondanza e di crisi. Questi assemblaggi evocano una riflessione sul ciclo della produzione e del consumo e sulla capacità dell'arte di reinventare il senso delle cose. In dialogo con l'entusiasmo futurista per la velocità e il progresso, *Gluts* ne sovverte la narrazione, rivelando la possibilità di riscatto nella materia dimenticata.

With the *Gluts* series (1986–89/1991–94), Robert Rauschenberg breathes new life into scrap metal, like automotive detritus and remnants of gas stations, transforming them into sculptures with profound symbolic resonance. Started in the mid-1980s, during a period marked by excessive oil production and the subsequent collapse of barrel prices worldwide, these works retain the energy of their found materials and stand as witnesses to an era of over-abundance and crisis. These assemblages invite reflection on the cycles of production and consumption, and on art's ability to reinvent the meaning of objects. In dialog with the Futurist enthusiasm for speed and progress, the *Gluts* subvert the narrative, revealing the possibility of redemption within forgotten matter.

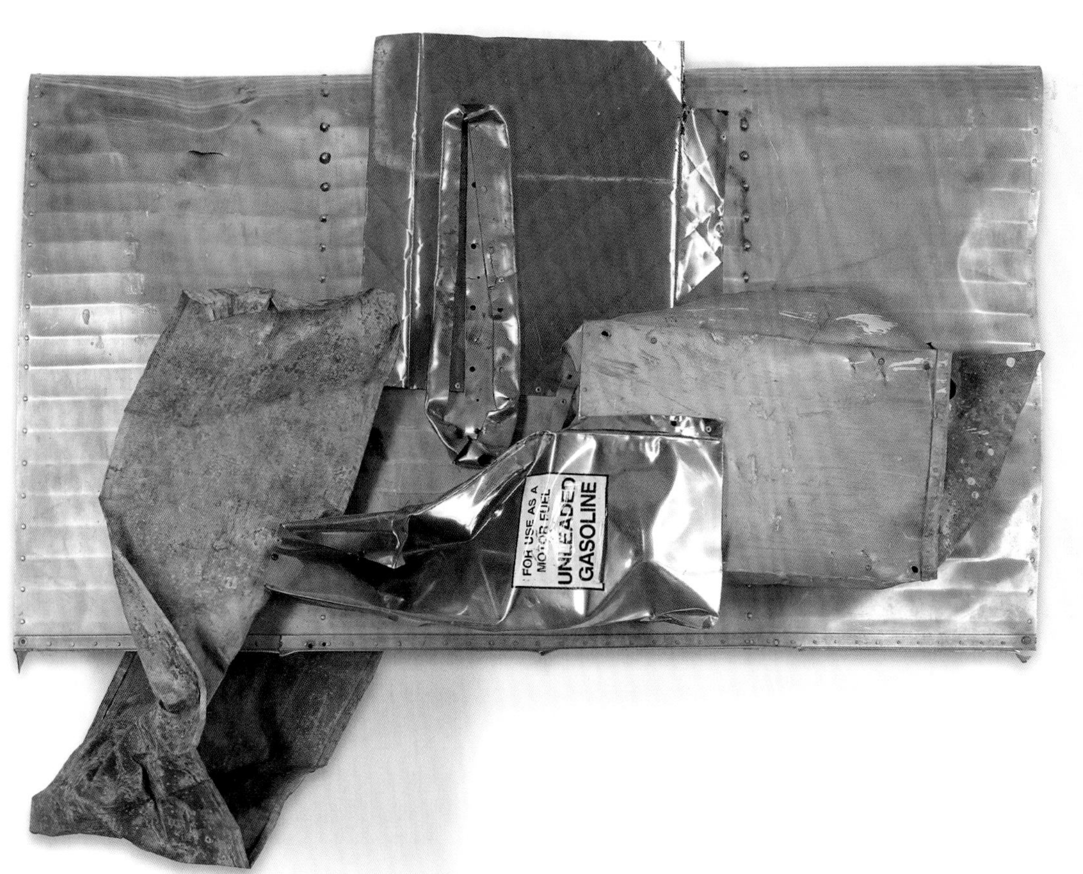
FOR USE AS A
MOTOR FUEL
UNLEADED
GASOLINE

Able Was I Ere I Saw Elba I (Japanese Recreational Claywork)

1983
Trasferimento e smaltatura su ceramica artistica giapponese cotta ad alta temperatura / Transfer and glaze on high-fired Japanese art ceramic
269,9 × 231,1 cm
Courtesy of Thaddaeus Ropac, London, Paris, Salzburg, Milan, Seoul

I *Japanese Recreational Clayworks* (1982-83/1985) di Robert Rauschenberg sono realizzati su pannelli prefabbricati di “ceramica d’arte” giapponese decorati con icone dell’arte occidentale. Su queste superfici, l’artista sovrappone immagini del Giappone contemporaneo e di altri luoghi, tratte dalle sue fotografie, integrandole con pennellate gestuali di smalto. L’opera si costruisce così come un campo di forze, dove passato e presente, Oriente e Occidente, materia e immagine entrano in un dialogo dinamico tra cultura, tempo e geografia.
In questo stesso orizzonte di sovrapposizione e riscrittura visiva Rauschenberg rilegge anche l’iconica immagine di Napoleone Bonaparte dipinta da Jacques-Louis David, immergendola in una stratificazione di segni, materiali e significati. Il titolo dell’opera, un palindromo leggendariamente attribuito all’imperatore, richiama l’idea di riflessione e inversione, temi centrali nella poetica dell’artista. L’opera entra in risonanza con *I morti di Bligny trasalirebbero* di Arturo Martini, il cui titolo, tratto da un discorso di Mussolini, evoca le tensioni ideologiche e simboliche tra Italia e Francia. Attraverso questi intrecci, Rauschenberg sfalda il mito napoleonico e lo riattiva in una visione fluida, in cui passato e presente si sovrappongono e il senso della storia si ridefinisce continuamente.

Robert Rauschenberg’s *Japanese Recreational Clayworks* (1982–83/1985) are made on prefabricated panels of Japanese “art ceramics”, decorated with icons of Western art. Onto these surfaces, the artist layered images of contemporary Japan and other places, taken from his own photographs, and combined them with gestural strokes of glaze. The work thus unfolds as a field of forces, where past and present, East and West, matter and image engage in a dynamic dialog across culture, time, and geography.
Within this same horizon of visual superimposition and reinterpretation, Rauschenberg reimagines the iconic image of Napoleon Bonaparte painted by Jacques-Louis David, embedding it within a stratification of signs, materials, and meanings. The title, a palindromic phrase reportedly attributed to the emperor, evokes themes of reflection and inversion, which are mirrored in the artist’s practice. This work establishes a dialog with Arturo Martini’s sculpture *I morti di Bligny trasalirebbero*, whose title derives from a speech by Mussolini, evoking, through a weaving of eras and narratives, the historical tensions between Italy and France. Through these cross-references, the Napoleonic myth fractures into a new vision where past and present overlap, continuously redefining the meaning of history.

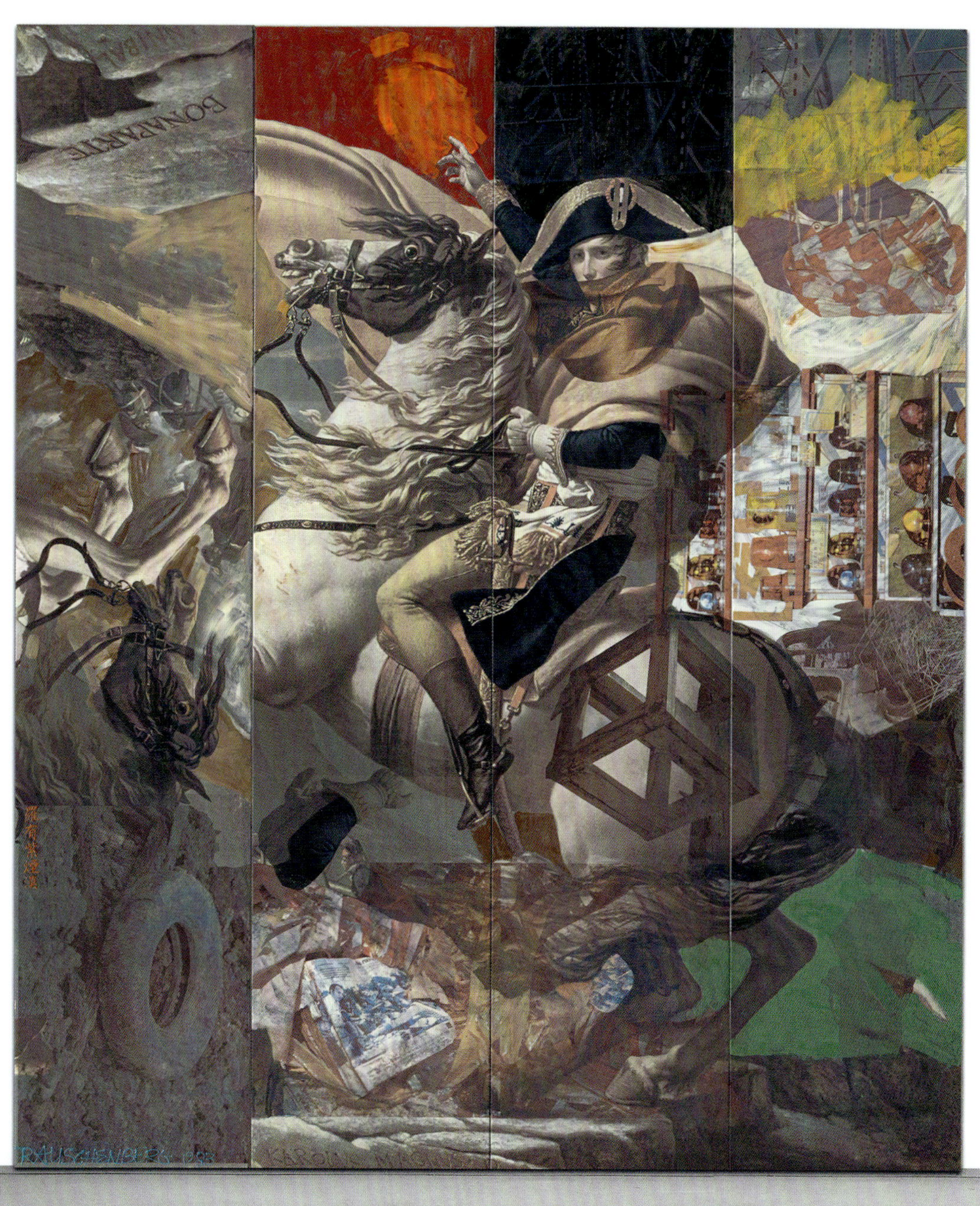
BONAPARTE

Parsons / Live Plants / Ammonia (Cardboard)

1971
Cartone / Cardboard
198,1 × 116,8 × 20,3 cm
Courtesy of Thaddaeus Ropac, London, Paris, Salzburg, Milan, Seoul

Nei *Cardboards* (1971-72), Robert Rauschenberg esplora il potenziale del cartone, trasformandolo da materiale di scarto in bassorilievo murale che trattiene tracce del passato. Trovate, tagliate, pinzate e piegate, queste scatole conservano la memoria della loro funzione originaria attraverso macchie, ammaccature, strappi ed etichette. L'interesse di Rauschenberg per questo materiale nasce all'inizio degli anni settanta, dopo il trasferimento dalla frenesia di New York alla quiete di Captiva Island, in Florida. Il dialogo con Alberto Burri è immediato: come il maestro italiano, Rauschenberg eleva materiali poveri a protagonisti di lavori scultorei spingendo i confini dell'arte oltre la tradizione. Entrambi sovvertono la percezione della materia, rivelandone la forza espressiva e trasformando l'ordinario in straordinario.

In the *Cardboards* (1971–72), Robert Rauschenberg explores the potential of cardboard, transforming it from discarded material into wall-mounted bas-reliefs that preserve traces of the past. Found, cut, stapled, and folded, these boxes retain the memory of their original function through stains, dents, tears, and labels. Rauschenberg's interest in this material emerged in the early 1970s, following his move from the frenzy of New York to the tranquility of Captiva Island, Florida. The dialog with Alberto Burri is immediate: like the Italian master, Rauschenberg elevates humble materials to protagonists of these sculptural works, pushing the boundaries of art beyond tradition. Both artists challenge perceptions of material, revealing its expressive power and transforming the ordinary into the extraordinary.

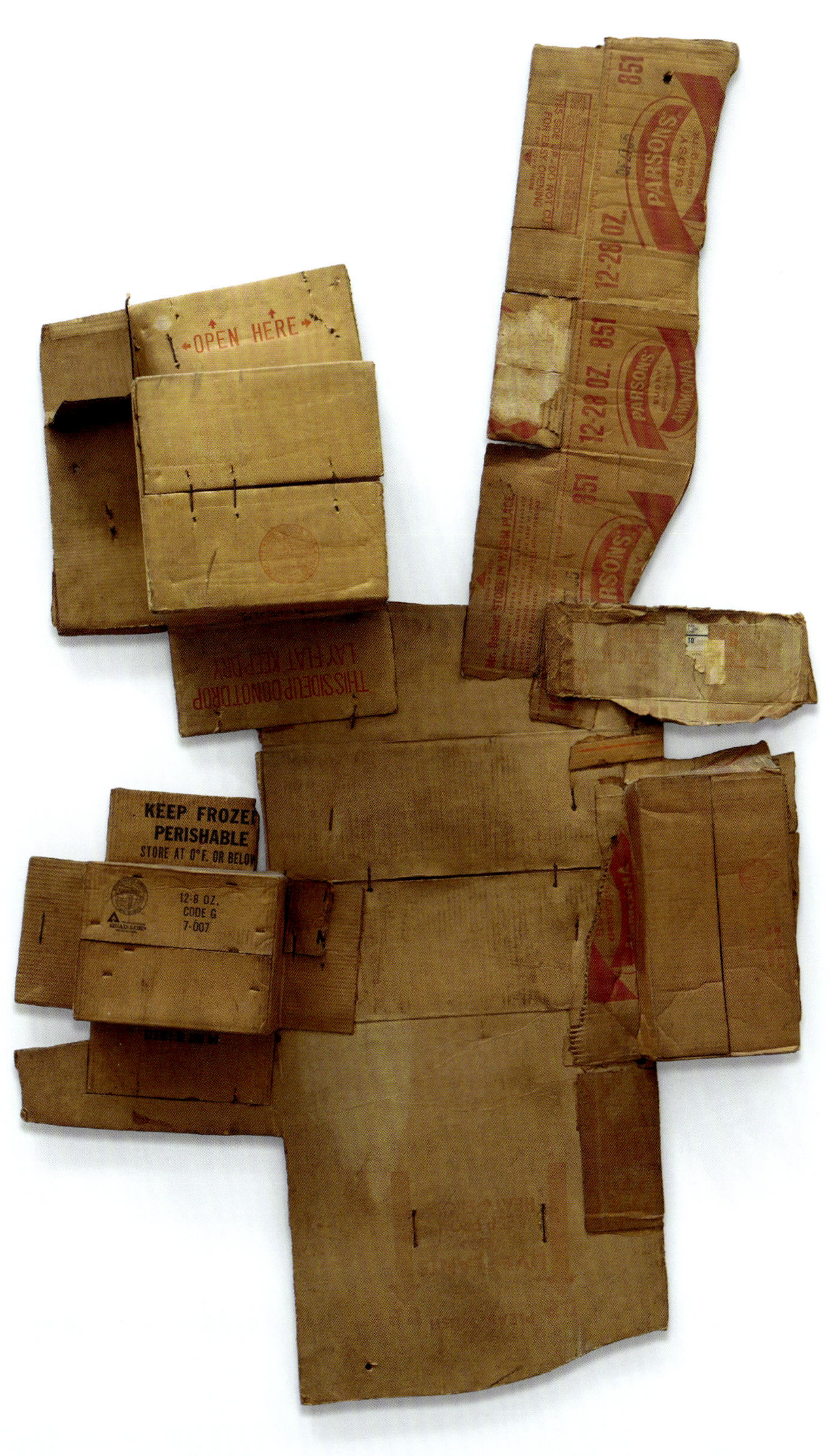
851
PARSONS
12-28 OZ.
OPEN HERE
KEEP FROZE
PERISHABLE
STORE AT 0°F. OR BELOW
12-8 OZ.
CODE G
7-007

Muse Poodle Roll (Phantom)

1991
Inchiostro serigrafico su alluminio anodizzato specchiato /
Silkscreen ink on anodised mirrored aluminum
125,7 × 246,3 cm
Courtesy of Thaddaeus Ropac, London, Paris, Salzburg, Milan, Seoul

Nella serie *Phantoms* (1991), Robert Rauschenberg esplora il potenziale della luce e del riflesso trasformando il metallo in una superficie pittorica in continua trasformazione. Le immagini serigrafate, fotografie scattate dall'artista stesso, appaiono e scompaiono, sovrapponendosi allo sguardo di chi osserva e facendone un inconsapevole protagonista dell'opera. La *Scultura d'ombra* di Claudio Parmiggiani si riflette metaforicamente e materialmente in *Muse Poodle Roll (Phantom)* instaurando un dialogo tra luce e ombra, tra presenza e memoria. L'effetto spettrale di *Phantom*, nato da un incidente tecnico, incarna perfettamente il pensiero di Rauschenberg sull'arte come spazio di possibilità e di interazione con il mondo. Come scrisse John Cage, le superfici di Rauschenberg agiscono come "piste di atterraggio per la polvere, ombre e riflessi", luoghi in cui il tempo e la realtà si dissolvono in un continuo divenire.

In the *Phantoms* series (1991), Robert Rauschenberg explores the interplay of light and reflection, transforming metal into a constantly evolving pictorial surface. The silkscreened images, which are photographs taken by the artist himself, appear and disappear, layering themselves before the viewer's gaze and making him become an unconscious protagonist of the work. Claudio Parmiggiani's *Scultura d'ombra* metaphorically and materially reflects in *Muse Poodle Roll (Phantom)*, creating a dialog between light and shadow, presence and memory. The spectral effect of *Phantom*, born from a technical accident, perfectly embodies Rauschenberg's vision of art as a space of possibility and interaction with the world. As John Cage wrote, Rauschenberg's surfaces act as "airports for the lights, shadows and particles," places where time and reality dissolve into a continuous becoming.

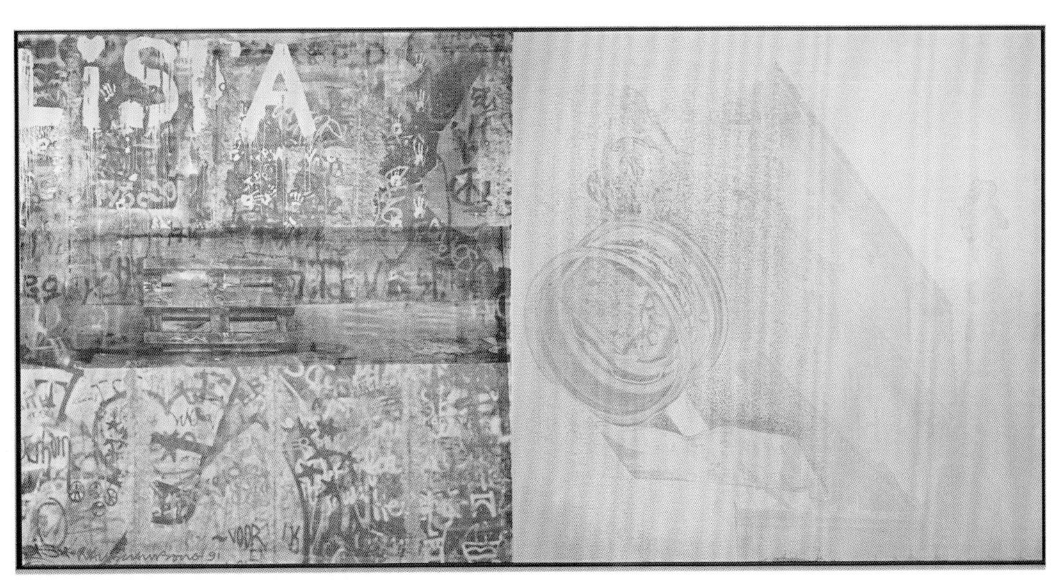

Untitled (Spread)

1983
Trasferimento solvente, tessuto e acrilico su compensato con oggetti /
Solvent transfer, fabric, and acrylic on plywood with objects
200,7 × 245,7 × 12,7 cm
Courtesy of Thaddaeus Ropac, London, Paris, Salzburg, Milan, Seoul

L'influenza dei Combine paintings (1954-64) di Robert Rauschenberg si riflette profondamente nello sviluppo del Nouveau Réalisme, movimento che ha ridefinito il rapporto tra arte e realtà attraverso l'uso di oggetti quotidiani. Il ritorno all'oggettualità, il dialogo con il folklore urbano e l'integrazione di materiali desunti dall'esperienza comune trovano eco nella ricerca di artisti come Daniel Spoerri, Arman e Christo. Il confronto transoceanico tra queste visioni si concretizza attraverso uno degli *Spread* (1975-83) di Rauschenberg, in cui immagini trasferite su compensato e tessuto si combinano con oggetti trovati in una composizione dinamica. Un linguaggio che annulla la separazione tra pittura e scultura, realtà e rappresentazione, in una continua espansione dello spazio dell'arte.

The influence of Robert Rauschenberg's Combine paintings (1954–64) deeply resonates within the development of Nouveau Réalisme, a movement that redefined the relationship between art and reality through the use of everyday objects. The return to materiality, the dialog with urban folklore, and the integration of materials drawn from common experience echo in the works of artists such as Daniel Spoerri, Arman, and Christo. The transoceanic debate between these visions finds tangible expression in one of Rauschenberg's *Spreads* (1975–83), where images transferred onto plywood and fabric are combined with found objects in a dynamic composition. It is a language that erases the boundaries between painting and sculpture, reality and representation, in a continuous expansion of the space of art.

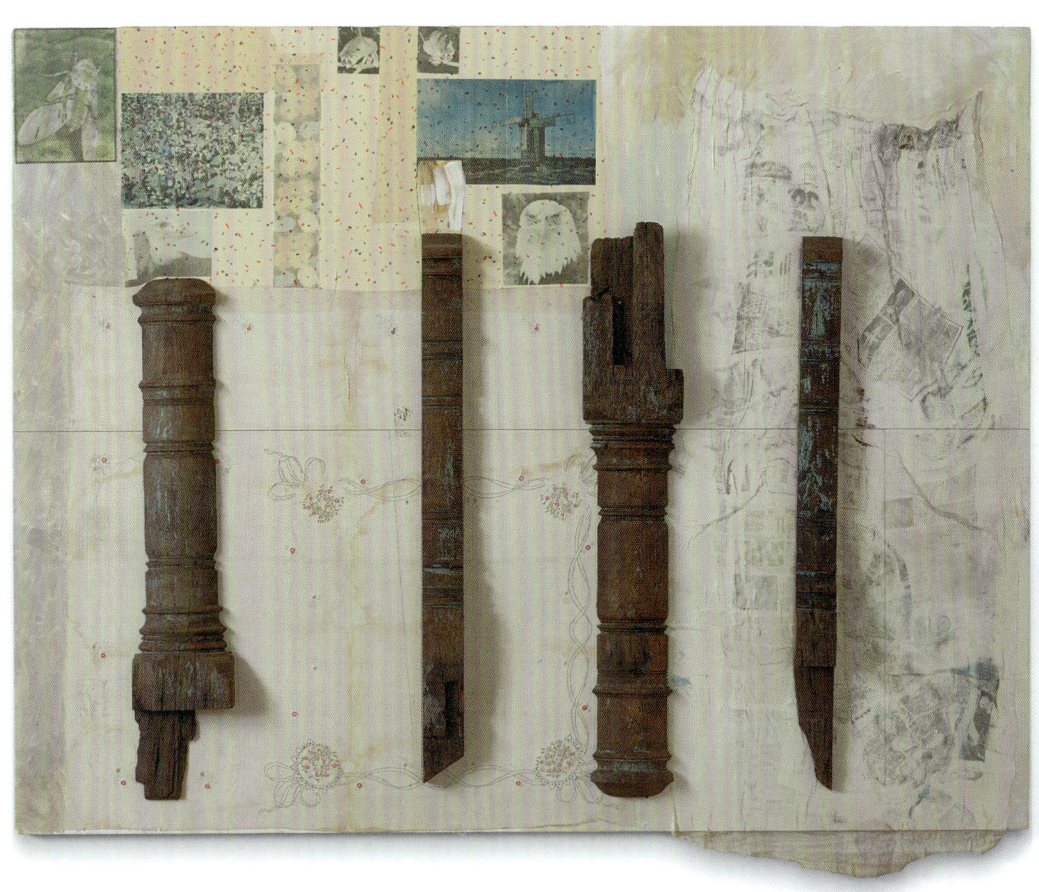

Summer Glut Fence

1987
Parti metalliche e in plastica assemblate /
Assembled metal and plastic
107 × 220 × 25 cm
Courtesy of Thaddaeus Ropac, London, Paris, Salzburg, Milan, Seoul

L'opera *Summer Glut Fence* di Robert Rauschenberg amplifica la riflessione sulla trasformazione della materia, in dialogo con l'energia pittorica, della *Festa cinese* di Mario Schifano e la poetica materica delle *Rose* di Jannis Kounellis. Tra gli ultimi lavori dell'artista e tra i più vicini alla sensibilità Pop, questa scultura integra l'arte con il caos della vita, accostando oggetti di scarto in un equilibrio inaspettato. I frammenti metallici, riassemblati in nuove forme, aprono a molteplici letture, in un gioco di rimandi tra il quotidiano e il visionario, tra l'effimero e il permanente. Un processo di reinvenzione che, come i piccioni di Maurizio Cattelan appollaiati negli spazi espositivi, invita lo sguardo a cogliere la sorprendente vitalità del mondo che ci circonda.

Robert Rauschenberg's *Summer Glut Fence* amplifies the reflection on matter's transformation, in dialog with the painterly energy, of Mario Schifano's *Festa cinese* and the material poetics of Jannis Kounellis' *Roses*. Among the artist's later works and among the closest to Pop sensibility, this sculpture intertwines art with the chaos of life by juxtaposing discarded objects in an unexpected balance. The metallic fragments, reassembled in new forms, open up multiple interpretations, in a play of references between the everyday and the visionary, the ephemeral and the enduring. This process of reinvention, much like Maurizio Cattelan's pigeons perched in exhibition spaces, invites our gaze to grasp the astonishing vitality of the world around us.

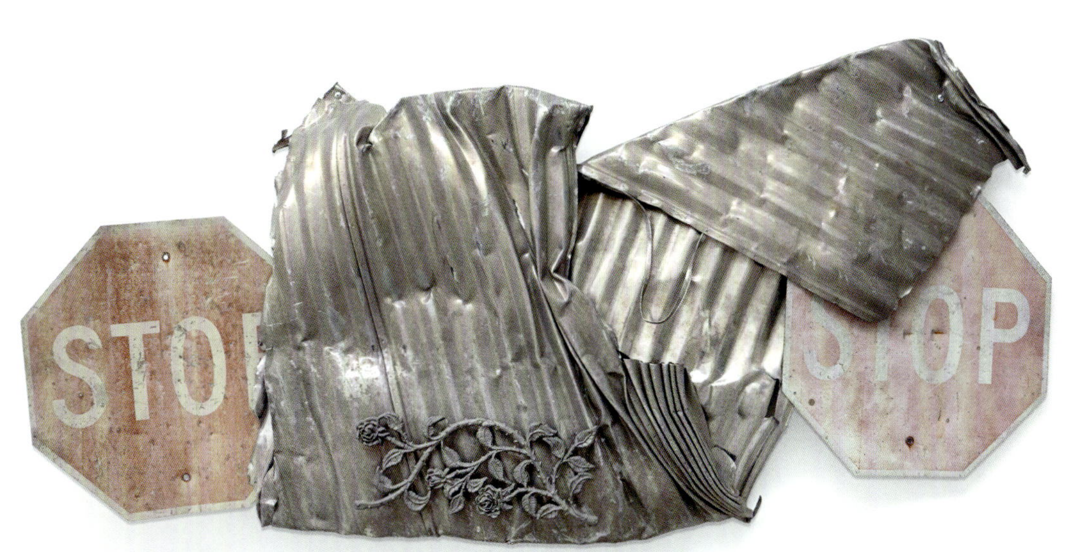
STO
STOP

Untitled (Hoarfrost)

1975
Trasferimento solvente, tessuto, carta da giornale e sacchetto di carta su tessuto /
Solvent transfer, fabric, newsprint and paper bag on fabric
194 × 182 cm
Courtesy of Thaddaeus Ropac, London, Paris, Salzburg, Milan, Seoul

Con la serie *Hoarfrosts* (1974-76), Robert Rauschenberg reinventa il linguaggio della stampa trasferendo immagini tratte da giornali e riviste su sottili fogli di seta e cotone. Il titolo evoca la brina citata da Dante nell'*Inferno*, immagine di una presenza effimera destinata a scomparire. Questa qualità impalpabile si riflette nel processo stesso dell'artista, ispirato dalla scoperta che, la garza utilizzata nei laboratori litografici, conserva tracce di inchiostro. Nel delicato equilibrio tra visibile e invisibile, gli *Hoarfrosts* instaurano un dialogo con la ricerca di Giulio Paolini sulla natura dell'arte e della rappresentazione. Segnando un punto di svolta nella pratica di Rauschenberg, queste opere mettono in relazione le sue sperimentazioni con le tecniche di trasferimento dell'immagine, iniziate negli anni cinquanta, con le nuove sensibilità sviluppate dopo il suo trasferimento a Captiva Island negli anni settanta.

In the *Hoarfrosts* series (1974–76), Robert Rauschenberg reinvents the language of printmaking by transferring images from newspapers and magazines onto thin sheets of silk and cotton. The title evokes the frost described by Dante in his *Inferno*, an image of a fleeting presence destined to vanish. This impalpable quality is reflected in the artist's process itself, inspired by the discovery that the gauze used in lithographic studios retained traces of ink. Balancing delicately between the visible and the invisible, the *Hoarfrosts* establish a dialog with Giulio Paolini's exploration of the nature of art and representation. Marking a turning point in Rauschenberg's practice, these works connect his experimentation with image-transfer techniques, which he started in the 1950s, with the new sensibilities he developed upon moving to Captiva Island in the 1970s.

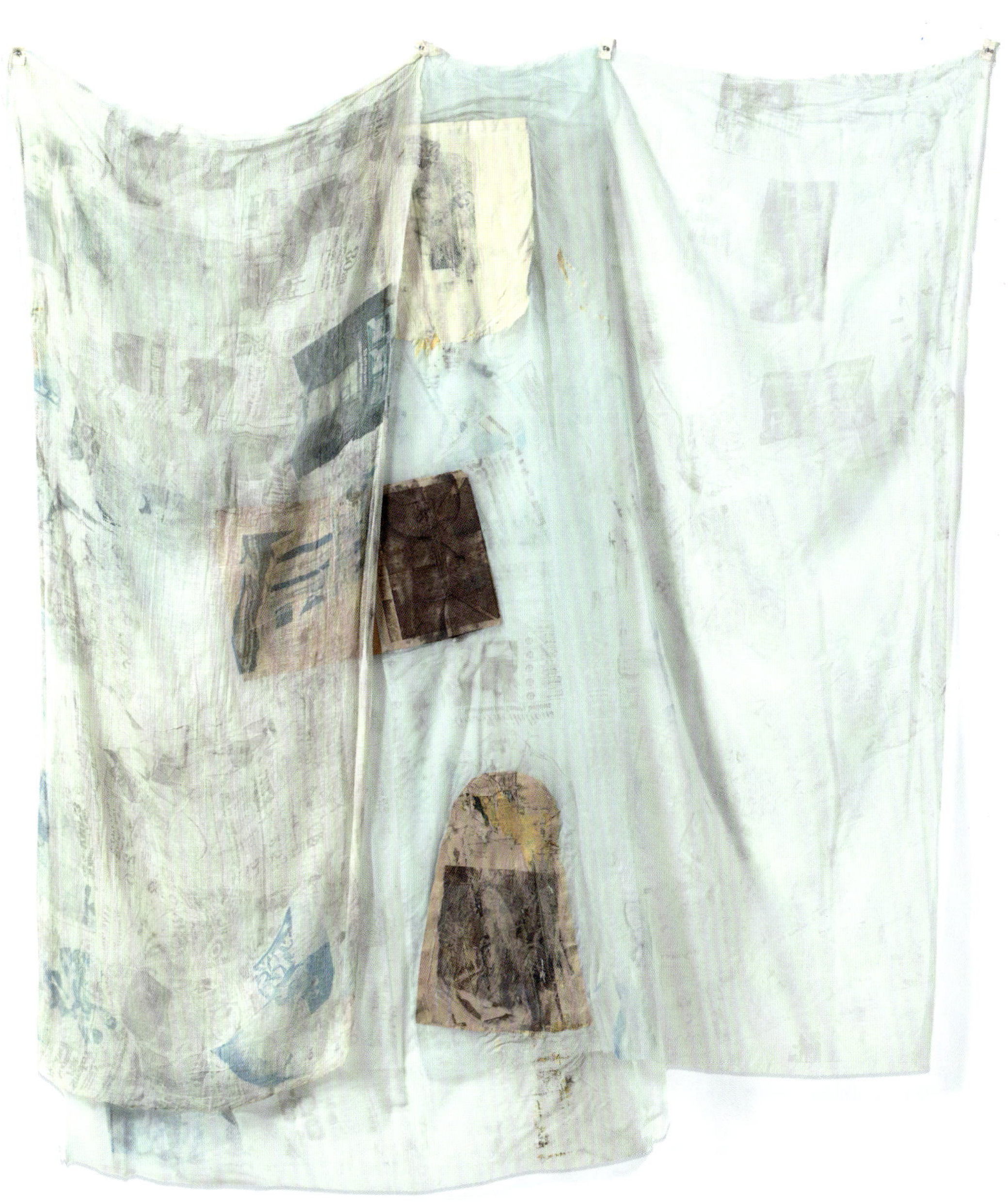

Onoto Snare / ROCI VENEZUELA

1985
Serigrafia a inchiostro, acrilico e grafite su tela con oggetto /
Silkscreen ink, acrylic and graphite on canvas with object
180,5 × 202,5 × 4 cm
Courtesy of the Robert Rauschenberg Foundation, New York,
and Thaddaeus Ropac, London, Paris, Salzburg, Milan, Seoul

ROCI (Rauschenberg Overseas Culture Interchange) è il più ambizioso progetto di Robert Rauschenberg, nato dal desiderio di abbattere confini culturali e favorire il dialogo internazionale attraverso l'arte. Tra il 1984 e il 1991, l'artista visita dieci paesi al di fuori degli Stati Uniti, tra cui il Venezuela, dove conosce le popolazioni indigene dell'Amazzonia. I pigmenti utilizzati per le pitture corporee dalle tribù locali, estratti dal frutto dell'annatto, chiamato *onoto* in Venezuela, ispirano la tonalità rosso-marrone presente in molte opere di questa serie, tra cui *Onoto Snare / ROCI VENEZUELA* (1985). Il colore, segno tangibile dell'incontro tra culture, diventa simbolo di trasformazione e comunicazione reciproca, incarnando lo spirito di condivisione e scambio.

ROCI (Rauschenberg Overseas Culture Interchange) stands as Robert Rauschenberg's most ambitious project, born from his desire to break down cultural barriers and foster international dialog through art. Between 1984 and 1991, the artist visited ten countries beyond the U.S., including Venezuela, where he gets to know the indigenous peoples of the Amazon. The pigments used for body painting by local tribes, extracted from the fruit of the annatto tree, known as *onoto* in Venezuela, inspired the reddish-brown tones present in many works of this series, including *Onoto Snare / ROCI VENEZUELA* (1985). The color, a tangible sign of cultural exchange, becomes a symbol of transformation and reciprocal communication, embodying the spirit of sharing and dialog.

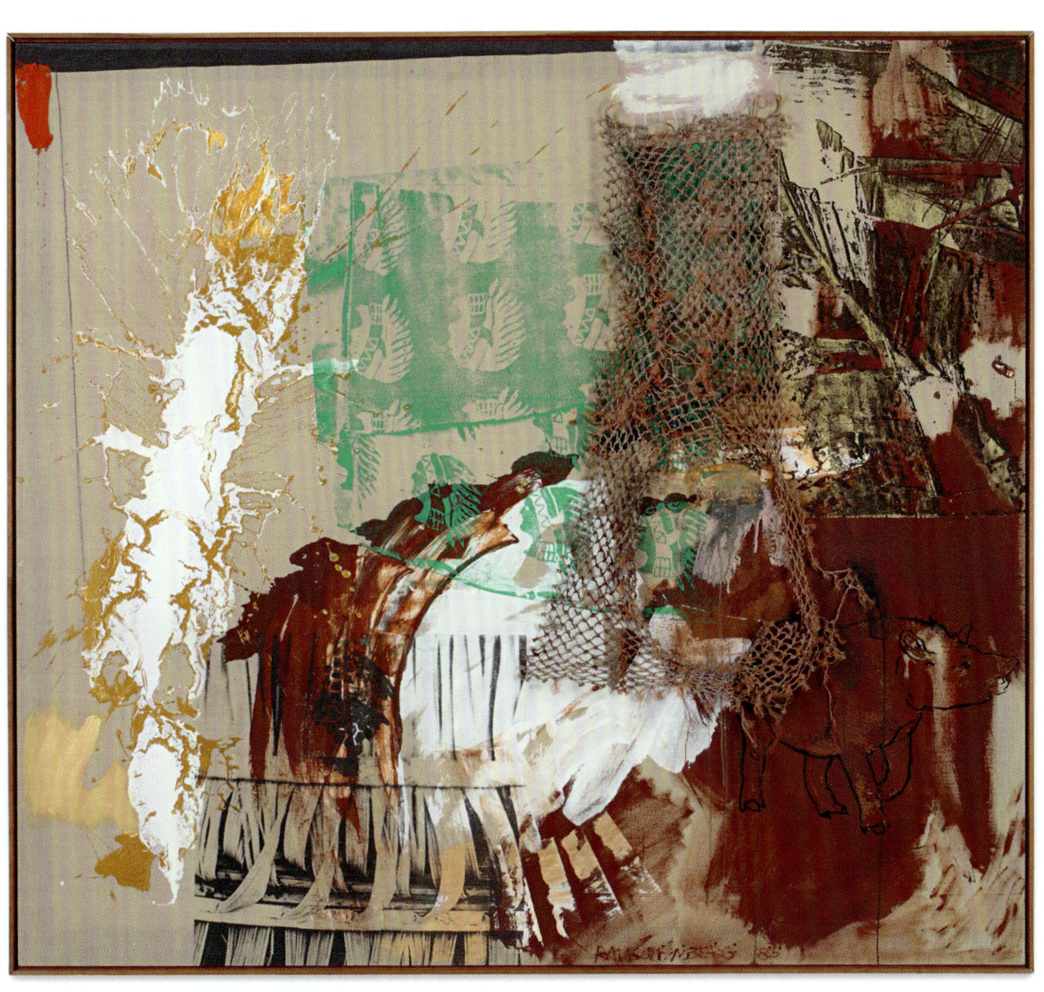

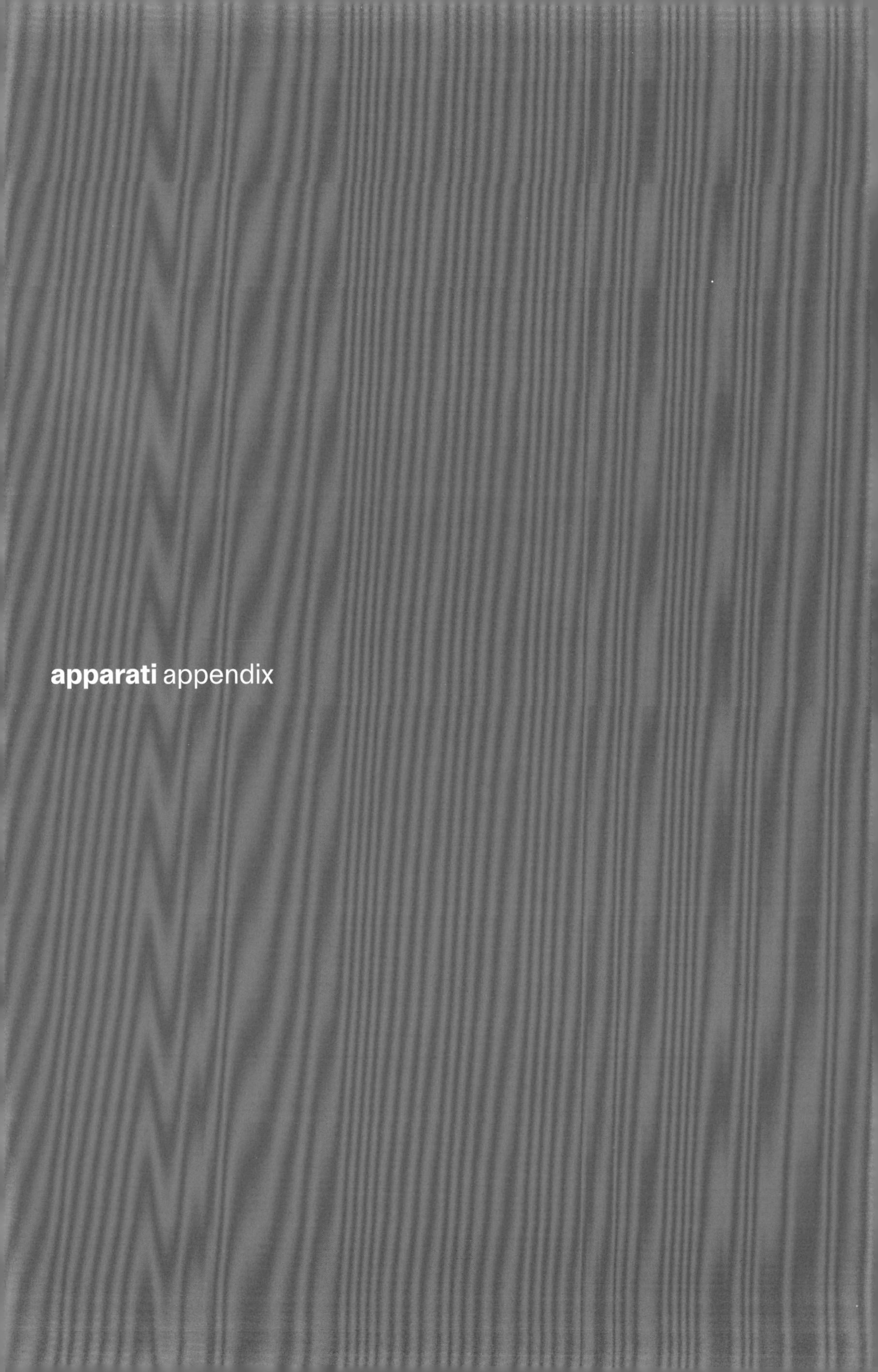

apparati appendix

Elenco delle opere in mostra / List of works on display

Robert Rauschenberg
Bumper Slip Late Summer Glut
1987
Metallo assemblato / Assembled metal
132,5 × 178,7 × 55,7 cm
© Robert Rauschenberg Foundation / ARS, New York, 2025
Courtesy Galerie Thaddaeus Ropac, London, Paris, Salzburg, Milan, Seoul
Photo: Glenn Steigelman

Robert Rauschenberg
Able Was I Ere I Saw Elba I (Japanese Recreational Claywork)
1983
Trasferimento e smaltatura su ceramica artistica giapponese cotta ad alta temperatura / Transfer and glaze on high-fired Japanese art ceramic
269,9 × 231,1 cm
© Robert Rauschenberg Foundation / ARS, New York, 2025
Courtesy Galerie Thaddaeus Ropac, London, Paris, Salzburg, Milan, Seoul
Photo: Ulrich Ghezzi

Robert Rauschenberg
Parsons / Live Plants / Ammonia (Cardboard)
1971
Cartone / Cardboard
198,1 × 116,8 × 20,3 cm
© Robert Rauschenberg Foundation / ARS, New York, 2025
Courtesy Galerie Thaddaeus Ropac, London, Paris, Salzburg, Milan, Seoul
Photo: © Blindarte / Photo: Laura Eboli

Robert Rauschenberg
Muse Poodle Roll (Phantom)
1991
Inchiostro serigrafico su alluminio anodizzato specchiato / Silkscreen ink on anodised mirrored aluminum
125,7 × 246,3 cm
© Robert Rauschenberg Foundation / ARS, New York, 2025
Courtesy Galerie Thaddaeus Ropac, London, Paris, Salzburg, Milan, Seoul
Photo: Glenn Steigelman

Robert Rauschenberg
Untitled (Spread)
1983
Trasferimento solvente, tessuto e acrilico su compensato con oggetti / Solvent transfer, fabric, and acrylic on plywood with objects
200,7 × 245,7 × 12,7 cm
© Robert Rauschenberg Foundation / ARS, New York, 2025
Courtesy Galerie Thaddaeus Ropac, London, Paris, Salzburg, Milan, Seoul
Photo: Photoservice Art Basel 2016

Robert Rauschenberg
Summer Glut Fence
1987
Parti metalliche e in plastica assemblate / Assembled metal and plastic
107 × 220 × 25 cm
© Robert Rauschenberg Foundation / ARS, New York, 2025
Courtesy Galerie Thaddaeus Ropac, London, Paris, Salzburg, Milan, Seoul
Photo: Charles Duprat

Robert Rauschenberg
Untitled (Hoarfrost)
1975
Trasferimento solvente, tessuto, carta da giornale e sacchetto di carta su tessuto / Solvent transfer, fabric, newsprint and paper bag on fabric
194 × 182 cm
© Robert Rauschenberg Foundation / ARS, New York, 2025
Courtesy Galerie Thaddaeus Ropac, London, Paris, Salzburg, Milan, Seoul
Photo: Ulrich Ghezzi

Robert Rauschenberg
Onoto Snare / ROCI VENEZUELA
1985
Serigrafia a inchiostro, acrilico e grafite su tela con oggetto / Silkscreen ink, acrylic and graphite on canvas with object
180,5 × 202,5 × 4 cm
© Robert Rauschenberg Foundation / ARS, New York, 2025
Courtesy Galerie Thaddaeus Ropac, London, Paris, Salzburg, Milan, Seoul
Photo: Glenn Steigelman

Biografia / Biography

Questo testo è stato adattato da un saggio scritto da / This text has been adapted from an essay written by Julia Blaut, in *Robert Rauschenberg: A Retrospective*, a cura di / edited by Susan Davidson, Walter Hopps, catalogo della mostra / exhibition catalog, Solomon R. Guggenheim Museum, New York 1997.

Robert Rauschenberg (1925-2008) è stato uno degli artisti americani più influenti dal secondo dopoguerra. Il suo lavoro, sempre mosso da un'idea di inclusione espansiva, ha attraversato pittura, scultura, fotografia, performance, stampa e nuove tecnologie, sfidando le definizioni e abbattendo le barriere tra arte e vita quotidiana.
Dal 1948 al 1952 Rauschenberg frequenta il Black Mountain College, dove studia a fianco di figure come John Cage e Merce Cunningham. Qui sviluppa molti dei temi che segneranno la sua intera carriera: la sequenza e il tempo, la ripetizione, il dialogo fra i media e il rapporto con l'essere umano.
Nel 1950 inizia a sperimentare con materiali trovati e tecniche miste. Nascono così i *White Paintings* (1951), i *Black Paintings* (1951-53) e i *Red Paintings* (1953-54), che culminano nei celebri Combine (1954-64): opere che uniscono pittura, scultura e oggetti quotidiani, e che rappresentano una delle innovazioni più radicali del secolo.
Negli anni sessanta sviluppa una nuova serie di opere con serigrafie, combinando fotografie tratte dai media e da archivi personali con pittura gestuale. Questo lo avvicina al linguaggio della Pop Art, pur mantenendo una forte componente materica e personale.
Nel 1964 vince il Gran Premio Internazionale di Pittura alla Biennale di Venezia, diventando uno dei pochi americani a riceverlo.
Accanto alla produzione visiva, Rauschenberg mantiene un impegno costante nel teatro, nella danza e nella performance, creando scenografie, costumi e opere dal vivo in dialogo con coreografi come Cunningham, Trisha Brown e Paul Taylor.
Nel 1966 co-fonda Experiments in Art and Technology (E.A.T.), piattaforma pionieristica che unisce arte e scienza. Le sue installazioni sonore e luminose, come *Oracle* (1962-65) e *Soundings* (1968), rendono lo spettatore parte dell'opera.
Nel 1970 si trasferisce a Captiva Island, Florida, dove inizia a esplorare materiali come cartone, stoffe, carta e metallo.
Dal 1984 al 1991 si dedica al Rauschenberg Overseas Culture Interchange (ROCI), un viaggio artistico globale attraverso dieci paesi al di fuori degli Stati Uniti, con l'obiettivo di promuovere la comprensione interculturale attraverso l'arte.
Dagli anni novanta continua a sperimentare, anche con tecnologie digitali e materiali nuovi, come il vetro. Dopo un ictus nel 2002, continua a lavorare con la mano sinistra. Fedele al suo spirito di apertura e collaborazione, non smette mai di creare, né di cercare nuove possibilità espressive.
Rauschenberg muore nel 2008 a Captiva Island.
La sua eredità è viva nelle molte forme con cui ha ridefinito cosa può essere l'arte e cosa può fare nel mondo.

Robert Rauschenberg (1925–2008) was one of the most influential American artists from the postwar era. His work, driven by a philosophy of thoughtful inclusion, spanned painting, sculpture, photography, performance, printmaking, and new technologies, constantly challenging artistic boundaries and blurring the lines between art and everyday life.
From 1948 to 1952, Rauschenberg attended Black Mountain College in North Carolina, where he studied alongside figures like John Cage and Merce Cunningham. There, he developed many of the recurring themes in his practice: sequence and time, repetition, the dialog between mediums, and the relationship with the human being.
In 1950, he began experimenting with found objects and mixed techniques. Thus, his *White Paintings* (1951), *Black Paintings* (1951–53), and *Red Paintings* (1953–54) were born, then culminating in his iconic Combines (1954–64): works that combine painting, sculpture, and everyday objects, and that represent one of the most radical innovations of the century.
In the 1960s, Rauschenberg began working with silk-screen printing, layering mass media images and personal photography with a gestural brushwork. Though often associated with Pop Art, his approach retained a strongly tactile and emotional quality.
In 1964 he became one of very few American artists to win the International Grand Prize in Painting at the Venice Biennial.
Alongside his visual work, Rauschenberg was deeply engaged in theater, dance, and performance, creating sets, costumes, and stage works in a dialog with choreographers such as Cunningham, Trisha Brown, and Paul Taylor.
In 1966, he co-founded Experiments in Art and Technology (E.A.T.), a groundbreaking platform that connected artists and science. His sound and light installations, like *Oracle* (1962–65) and *Soundings* (1968), make the viewer become part of the work.
In 1970 Rauschenberg moved to Captiva Island, Florida, where he began exploring materials like cardboard, fabric, paper, and metal.
From 1984 to 1991, he launched the Rauschenberg Overseas Culture Interchange (ROCI), a global artistic journey across ten countries outside of the U.S. aimed at promoting cross-cultural understanding through art.
From the 1990s, he continued experimenting, also using digital technologies and new materials, such as glass. After a stroke in 2002, he continued to work switching to his left hand. True to his spirit of openness and collaboration, he never stopped creating or seeking new expressive possibilities.
He died in 2008 on Captiva Island.
His legacy is alive in the many forms by which he redefined what art can be and what it can do in the world.

Cronologia selezionata delle mostre / Selected exhibition history (personali e mostre di due artisti / solo and two-person exhibitions)

Selezione tratta dalla storia espositiva approntata da Mary Lynn Kotz in *Robert Rauschenberg: A Retrospective*, a cura di Susan Davidson, Walter Hopps, catalogo della mostra, , Solomon R. Guggenheim Museum, New York 1997), revisionata e aggiornata da Helen Hsu, con ricerche aggiuntive di Amanda Sroka, per la Robert Rauschenberg Foundation.
Per la bibliografia completa – comprensiva di saggi, interviste, libri e cataloghi di e su Robert Rauschenberg – si rimanda il lettore al sito ufficiale e costantemente aggiornato della Robert Rauschenberg Foundation: www.rauschenbergfoundation.org.

Selection from the exhibition history prepared by Mary Lynn Kotz for *Robert Rauschenberg: A Retrospective*, exhibition catalog, edited by Susan Davidson and Walter Hopps (New York: Solomon R. Guggenheim Museum, 1997), revised and updated by Helen Hsu, with additional research by Amanda Sroka, for the Robert Rauschenberg Foundation.
For the complete bibliography—including essays, interviews, books, and exhibition catalogues by and about Robert Rauschenberg—readers are referred to the official and regularly updated website of the Robert Rauschenberg Foundation: www.rauschenbergfoundation.org.

1951
New York, Betty Parsons Gallery, *Paintings by Bob Rauschenberg*, 14 maggio-2 giugno / May 14–June 2.
1952
Black Mountain College, NC, *Paintings by Robert Rauschenberg*, apertura 10 agosto / opened August 10.
1953
Roma / Rome, Galleria dell'Obelisco, *Bob Rauschenberg: Scatole e Feticci Personali*, 3-10 marzo / March 3–10. Trasferita a Firenze / Traveled to Florence, Galleria d'Arte Contemporanea (*Scatole e costruzioni contemplative di Bob Rauschenberg*), apertura 14 marzo / opened March 14.
New York, Stable Gallery, *Rauschenberg: Paintings and Sculpture; Cy Twombly: Paintings and Drawings*, 15 settembre-3 ottobre / September 15–October 3.
1954
New York, Egan Gallery, *Joyeux Noël by Rauschenberg*, 13 dicembre 1954-22 gennaio 1955 / December 13, 1954–January 22, 1955.
1958
New York, Leo Castelli, *Robert Rauschenberg*, 4-29 marzo / March 4–29.
1959
Roma / Rome, Galleria la Tartaruga, *Rauschenberg*, apertura 30 maggio / opened May 30.
1960
New York, Leo Castelli, *Robert Rauschenberg*, 29 marzo-16 aprile / March 29–April 16.
Düsseldorf, Galerie 22, *Rauschenberg, Twombly: Zwei amerikanische Maler*, 22 aprile-30 maggio / April 22–May 30.
New York, Leo Castelli, *Drawings for Dante's 'Inferno'*, 6 dicembre-7 gennaio / December 6, 1960–January 7, 1961.
1961
Parigi / Paris, Galerie Daniel Cordier, *Robert Rauschenberg*, 27 aprile-8 giugno / April 27–June 8.
Milano / Milan, Galleria dell'Ariete, *Rauschenberg*, 24 ottobre-novembre / October 24–November.
New York, Leo Castelli, *Rauschenberg*, 7 novembre-5 dicembre / November 7–December 5.
1962
Los Angeles, Dwan Gallery, *Robert Rauschenberg*, 4-31 marzo / March 4–31.
1963
Parigi / Paris, Galerie Ileana Sonnabend, *Rauschenberg: Première Exposition (Oeuvres 1954–1961)*, 1-16 febbraio / February 1–16, and *Rauschenberg: Seconde Exposition (Oeuvres 1962–1963)*, 20 febbraio-9 marzo / February 20–March 9.
Hanover, NH, Dartmouth College, Hopkins Center, Beaumont-May Gallery, *Robert Rauschenberg: Visiting Artist*, 3-28 febbraio / February 3–28.
New York, Jewish Museum, *Robert Rauschenberg*, 31 marzo-12 maggio / March 31–May 12.
New York, Leo Castelli, *Rauschenberg*, 26 ottobre-21 novembre / October 26–November 21.
1964
Londra / London, Whitechapel Art Gallery, *Rauschenberg: Illustrations for Dante's Inferno*, 4 febbraio-8 marzo / February 4–March 8. Organized by / Organizzata da International Council, Museum of Modern Art, New York. Viaggia in tutta Europa e negli Stati Uniti fino al 1967. / Traveled to several venues in Europe and the U.S. through 1967.
Londra / London, Whitechapel Art Gallery, *Robert Rauschenberg: Paintings, Drawings and Combines, 1949–1964*, 4 febbraio-8 marzo / February 4–March 8.
Parigi / Paris, Galerie Ileana Sonnabend, *Rauschenberg*, 14-30 maggio / May 14–30.
Krefeld (Germania / Germany), Museum Haus Lange, *Robert Rauschenberg*, 12 settembre-18 ottobre / September 12–October 18.
Parigi / Paris, Galerie Ileana Sonnabend, *Untitled 1953–1954 and Thirty-Four Dante Drawings*, dicembre 1964-13 gennaio 1965 / December 1964–January 13, 1965.
1965
Berlin / Berlino, Amerika Haus, *Robert Rauschenberg: Bilder, Zeichnungen, Lithos*, 8 gennaio-4 febbraio / January 8–February 4.
Houston, Contemporary Arts Museum, *Robert Rauschenberg*, 12 marzo-15 aprile / March 12–April 15.
Los Angeles, Dwan Gallery, *Robert Rauschenberg*, 13 aprile-8 maggio / April 13–May 8.
Minneapolis, Walker Art Center, *Robert Rauschenberg, Paintings 1953–1964*, 3 maggio-6 giugno / May 3–June 6.
New York, Leo Castelli, *Robert Rauschenberg: Oracle*, 15 maggio-19 giugno / May 15–June 19.
1967
New York, Leo Castelli, *Robert Rauschenberg: Revolvers*, 13 maggio-10 giugno / May 13–June 10.
Los Angeles, Gemini G.E.L., *Booster and 7 Studies*, 23 maggio-30 giugno / May 23–June 30.
Vancouver, Douglas Gallery, *Booster and 7 Studies*, 15-31 luglio / July 15–31.
1968
New York, Whitney Museum of American Art, *Robert Rauschenberg: Print*, 22 gennaio-22 febbraio / January 22–February 22.

Amsterdam, Stedelijk Museum, *Robert Rauschenberg*, 23 febbraio-7 aprile / February 23–April 7. Trasferita a Colonia / Traveled to Cologne, Kölnischer Kunstverein, 19 aprile-26 maggio / April 19–May 26; Parigi / Paris, Musée d'Art Moderne de la Ville de Paris, 10 ottobre-10 novembre / October 10–November 10.
Philadelphia, Pennsylvania Academy of the Fine Arts, Peale Galleries, *Robert Rauschenberg*, 7 marzo-14 aprile / March 7–April 14.
Los Angeles, Gemini G.E.L., *Reels (B + C)*, 14 aprile-26 maggio / April 14–May 26.
Parigi / Paris, Galerie Ileana Sonnabend, *Rauschenberg: 25 Dessins 1968*, 3 ottobre-metà novembre / October 3–mid-November.
New York, Leo Castelli, *White Paintings 1951*, 12-26 ottobre / October 12–26.
New York, Museum of Modern Art, *Rauschenberg: Soundings*, 22 ottobre 1968-26 gennaio 1969 / October 22, 1968–January 26, 1969.

1969

Fort Worth Art Center, *Robert Rauschenberg: Selections*, 5 gennaio-2 febbraio / January 5–February 2.
Rotterdam, Museum Boymans-Van Beuningen, *Drawings*, 8 febbraio-9 marzo / February 8–March 9.
Los Angeles, Ace Gallery, *Robert Rauschenberg: Carnal Clocks*, 24 aprile-30 maggio / April 24–May 30.
New York, Leo Castelli, *Carnal Clocks*, 26 aprile-17 maggio / April 26–May 17.
Vancouver, Douglas Gallery, *Carnal Clocks*, 3-31 luglio / July 3–31.
New York, Leo Castelli, *Stoned Moon Series*, inaugurazione 13 novembre / opening November 13.
Newport Beach, CA, Newport Harbor Art Museum, *Robert Rauschenberg in Black and White: Paintings 1962–63, Lithographs 1962–67*, 10 dicembre 1969-18 gennaio 1970 / December 10, 1969–January 18, 1970. Trasferita a / Traveled to Phoenix Art Museum, 3 febbraio-15 marzo / February 3–March 15, 1970; Albuquerque, University of New Mexico, University Art Museum, 6 aprile-3 maggio / April 6–May 3, 1970; Seattle Art Museum, 22 maggio-21 giugno / May 22–June 21, 1970.

1970

Krefeld (Germania / Germany), Museum Haus Lange, *Stoned Moon*, 22 febbraio-30 marzo / February 22–March 30.
Philadelphia, University of Pennsylvania, Institute of Contemporary Art, *Rauschenberg: Graphic Art*, 1 aprile-10 maggio / April 1–May 10. Trasferita a / Traveled to Albany, State University of New York, Art Gallery, 1 luglio-14 agosto / July 1–August 14; San Antonio, TX, Marion Koogler McNay Art Institute, 30 agosto-4 ottobre / August 30–October 4; Chicago, Museum of Contemporary Art, 31 ottobre-13 dicembre / October 31–December 13.
Minneapolis, Dayton's Gallery 12, *Rauschenberg Currents*, 4 aprile-2 maggio / April 4–May 2. Trasferita a / Traveled to New York, Castelli Graphics, 4-26 giugno / June 4–26; New York, Automation House, 4-28 giugno / June 4–28; Pasadena Art Museum (come / as *Robert Rauschenberg*), 7 luglio-6 settembre / July 7–September 6.
San Diego, La Jolla Art Museum, *Stoned Moon Lithographs by Robert Rauschenberg*, 5 aprile-3 maggio / April 5–May 3.
New York Cultural Center, *Currents and Stoned Moon Series*, 9 luglio-30 agosto / July 9–August 30.
Minneapolis Institute of Arts, *Robert Rauschenberg: Prints 1948/1970*, 6 agosto-27 settembre / August 6–September 27.
Hannover / Hanover, Kunstverein Hannover, *Robert Rauschenberg*, 29 agosto-27 settembre / August 29–September 27. Trasferita a Basilea / Traveled to Basel Kunstmuseum, 30 ottobre-6 dicembre / October 30–December 6.
Fort Worth Art Center, *Robert Rauschenberg: "Stoned Moon" Lithographs*, 29 settembre-25 ottobre / September 29–October 25.
New York, School of Visual Arts, Visual Arts Gallery, *Robert Rauschenberg: New Works*, 17 novembre-16 dicembre / November 17–December 16. Trasferita a / Traveled to School of the Art Institute of Chicago, Wabash Transit Gallery (come / as *Robert Rauschenberg: Syn-Tex Series*), 4-23 gennaio / January 4–23, 1972; Minneapolis, Dayton's Gallery 12 (come / as *Robert Rauschenberg: Syn-Tex Series and Cardbirds, Constructions*), giugno / June 1971.

1971

Parigi / Paris, Galerie Ileana Sonnabend, *Currents*, gennaio / January.
New York, Leo Castelli, *Cardboards*, e / and Castelli Graphics, *Cardbirds*, 16 ottobre-6 novembre / October 16–November 6.

1972

Parigi / Paris, Galerie Ileana Sonnabend, *Cardboards*, maggio / May.
New York, Castelli Graphics, *Tares*, 20 maggio-10 giugno / May 20–June 10.
New York, Leo Castelli e / and Castelli Graphics, *Made in Tampa: Prints + Clay Pieces*, 2-23 dicembre / December 2–23.

1973

New York, Leo Castelli, *Venetian Series*, 31 marzo-21 aprile / March 31–April 21.
Venice, CA, Ace Gallery, *White Paintings, 1951*, 10-30 aprile / April 10–30. Trasferita a / Traveled to Vancouver, Ace Gallery, 1-16 giugno / June 1–16.
Parigi / Paris, Galerie Ileana Sonnabend, *Early Egyptian Series*, apertura 18 settembre / opened September 18.
Parigi / Paris, Centre culturel américain, *Robert Rauschenberg: Stoned Moon Project, 1969*, 11 ottobre-15 novembre / October 11–November 15.

1974

Saint Etienne, Musée d'Art et d'Industrie, *Rauschenberg*, 7 gennaio-7 febbraio /January 7–February 7.
Ginevra / Geneva, Galerie Sonnabend, *Robert Rauschenberg*, apertura 2 aprile / opened April 2.
New York, Leo Castelli, *Robert Rauschenberg and Cy Twombly*, 4-25 maggio / May 4–25.
Jerusalem, Israel Museum, *Robert Rauschenberg in Israel*, 29 maggio-3 agosto / May 29–August 3.
Toronto, Jared Sable Gallery, *Tablet Series*, settembre / September.
Los Angeles County Museum of Art, *Robert Rauschenberg's Pages and Fuses*, 22 ottobre 1974-26 gennaio 1975 / October 22, 1974–January 26, 1975.
Krefeld, Museum Haus Lange, *Robert Rauschenberg: Steinerner Mond*, 1 dicembre 1974-19 gennaio 1975 / December 1, 1974–January 19, 1975.
New York, Leo Castelli e / and Sonnabend Gallery, *Hoarfrosts*, 7-28 dicembre / December 7–28.

1975

New York, School of Visual Arts, Visual Arts Gallery, *Robert Rauschenberg: Drawings*, 24 febbraio-2 aprile / February 24–April 2.

Venezia / Venice, Museo d'Arte Moderna Ca' Pesaro, *Robert Rauschenberg*, 6 settembre-6 ottobre / September 6–October 6. Trasferita a / Traveled to Ferrara, Galleria Civica d'Arte Moderna, 18 gennaio-7 marzo / January 18–March 7, 1976; Firenze / Florence, Forte di Belvedere, 11 settembre-19 ottobre / September 11–October 19, 1976.
New York, School of Visual Arts, Visual Arts Museum, *Robert Rauschenberg: Twenty-Six Years of Printmaking*, 6-31 ottobre / October 6–31.
New York, Leo Castelli, *Bones and Unions—Ahmedabad, India 1975*, 1-15 novembre / November 1–15.

1976

Bruxelles / Brussels, Galerie H.M., *Rauschenberg: Hoarfrost*, 28 gennaio-10 marzo / January 28–March 10.
New York, Leo Castelli, *Rauschenberg: Jammers*, 21 febbraio-13 marzo / February 21–March 13.
Washington, DC, Hirshhorn Museum and Sculpture Garden, *Robert Rauschenberg: Stoned Moon Series*, 29 giugno-6 settembre / June 29–September 6.
Los Angeles, Ace Gallery, and Venice, CA, Ace Gallery, *Rauschenberg: Jammers*, 10 agosto-6 ottobre / August 10–October 6.
Calgary, Alberta College of Art Gallery, *Robert Rauschenberg: Glass Handle*, 12 ottobre-7 novembre / October 12–November 7.
Washington, DC, Smithsonian Institution, National Collection of Fine Arts, *Robert Rauschenberg*, 30 ottobre 1976-2 gennaio 1977 / October 30, 1976–January 2, 1977. Trasferita a / Traveled to New York, Museum of Modern Art, 25 marzo-17 maggio / March 25–May 17, 1977; San Francisco Museum of Modern Art, 24 giugno-21 agosto / June 24–August 21, 1977; Buffalo, Albright-Knox Art Gallery, 25 settembre-30 ottobre / September 25–October 30, 1977; Art Institute of Chicago, 3 dicembre 1977-15 gennaio 1978 / December 3, 1977–January 15, 1978.

1977

Napoli / Naples, Museo Diego Aragona Pignatelli Cortes, *Rauschenberg, viaggio nel dispendio*, 21 aprile-15 maggio / April 21–May 15. Trasferita a / Traveled to Bari, Pinacoteca Provinciale, 22 maggio-12 giugno / May 22–June 12; Palermo, Civica Galleria d'Arte Moderna "E. Restivo", 22 giugno-16 luglio / June 22–July 16.
New York, Leo Castelli, *Spreads and Scales*, 23 aprile-23 maggio / April 23–May 23, e / and Sonnabend Gallery, 23 aprile-14 maggio / April 23–May 14.
Fort Worth Art Museum, *Whistle Stop*, apertura 11 settembre / opened September 11.
Jacksonville Museum of Contemporary Art, *Jim and Bob: The Florida Connection*, 20 ottobre-20 novembre / October 20–November 20.
Graz, Neue Galerie am Landesmuseum Joanneum, *Robert Rauschenberg: Collagen, Grafiken, Multiples aus der Sammlung Rischner*, 18 novembre-8 dicembre / November 18–December 8.

1978

Varsavia / Warsaw, Muzeum Narodwe w Warszawie, *Rauschenberg*, 3 marzo-30 aprile / March 3–April 30.
Parigi / Paris, Galerie Ileana Sonnabend, *Spreads and Scales*, maggio / May.
Vancouver Art Gallery, *Robert Rauschenberg: Works from Captiva*, 8 settembre-29 ottobre / September 8–October 29.

1979

New York, Sonnabend Gallery, *Two New Works by Robert Rauschenberg*, 13 gennaio-3 febbraio / January 13–February, 3.
Akron Art Institute, *Robert Rauschenberg: Spreads and Scales*, 3 febbraio-18 marzo / February, 3–March 18.
Portland Center for the Visual Arts, *Robert Rauschenberg: New Work*, 2-30 aprile / April 2–30.
Tübingen, Kunsthalle Tübingen, *Robert Rauschenberg: Das zeichnerische Werk, 1949–1979*, 5 maggio-24 giugno / May 5–June 24. Trasferita a / Traveled to Hannover / Hanover, Kunstmuseum Hannover mit Sammlung Sprengel, 19 agosto-23 settembre / August 19–September 23.
Lake Placid, NY, Center for Music, Drama and Art, *Hiccups*, 28 giugno-15 luglio / June 28–July 15.
Tolone / Toulon, Musée de Toulon, *Rauschenberg*, 14 luglio-23 settembre / July 14–September 23.
New York, Sonnabend Gallery, *Slides*, 29 settembre-20 ottobre / September 29–October 20.
Richmond, Virginia Museum, Institute of Contemporary Art, *Rauschenberg: Prints/ Multiples*, 18 dicembre 1979-22 gennaio 1980 / December 18, 1979–January 22, 1980.

1980

Fort Myers, FL, Edison Community College, Gallery of Fine Art, *Rauschenberg*, 3-27 febbraio / February 3–27.
Berlino / Berlin, Staatliche Kunsthalle, *Rauschenberg: Werke 1950–1980*, 23 marzo-4 maggio / March 23–May 4. Trasferita a / Traveled to Düsseldorf, Kunsthalle Düsseldorf, 7 giugno-31 luglio / June 7–July 13; Humlebaek (Danimarca / Denmark), Louisiana Museum of Modern Art, 20 settembre-25 novembre / September 20–November 25; Francoforte / Frankfurt, Städel, 4 dicembre 1980-18 gennaio 1981 / December 4, 1980–January 18, 1981; Monaco / Munich, Städtische Galerie im Lenbachhaus, 4 febbraio-5 aprile / February, 4–April 5, 1981; Londra / London, Tate Gallery (come / as *Robert Rauschenberg*), 29 aprile-14 giugno / April 29–June 14, 1981.
Parigi / Paris, Galerie Ileana Sonnabend, *Robert Rauschenberg: A Portfolio of Twelve Photographs*, 24 marzo-30 aprile / March 24–April 30.
New York, Leo Castelli, *Spreads and Scales*, 29 marzo-19 aprile / March 29–April 19.
Anniston, AL, Anniston Museum of Natural History, *Rauschenberg: A Retrospective of Lithographs, Paintings and Drawings from Castelli Graphics, New York*, 6 giugno-6 settembre / June 6–September 6. Trasferita a / Traveled to Fay, ATL, Fay Gold Gallery, 9 gennaio-15 febbraio / January 9–February 15, 1981.
Bloomfield Hills, MI, Cranbrook Academy of Art, *Robert Rauschenberg: Recent Work*, 14 settembre-26 ottobre / September 14–October 26.
Baltimore Museum of Art, *Robert Rauschenberg: 1970–1980*, 5 ottobre-30 novembre / October 5–November 30.
Vancouver, Ace Gallery, *Robert Rauschenberg: Cloister Series*, 28 ottobre-30 novembre / October 28–November 30.

1981

Cleveland, New Gallery of Contemporary Art, *Robert Rauschenberg: Recent Works: Spreads, Drawings, Etchings, Photographs*,

6 gennaio-21 febbraio / January 6–February 21.

Palm Beach, Gallery Gemini, 13-23 gennaio / Jauary 13–23.

Fort Collins, Colorado State University, Clara Hatton Gallery e / and Lory Student Center Gallery, *Rauschenberg in the Rockies*, 3 marzo-3 aprile / March 3–April 3. Trasferita a / Traveled to Boise, ID, Boise Gallery of Art, 11 aprile-10 maggio / April 11–May 10; Aspen Center for the Visual Arts, 29 maggio-15 luglio / May 29–July 15; Colorado Springs Fine Arts Center, 15 agosto-4 ottobre / August 15–October 4; Flagstaff, Northern Arizona University Art Gallery, 8 ottobre-6 novembre / October 8–November 6; Pueblo, University of Southern Colorado, Sangre de Cristo Arts Center, 3-28 febbraio / February 3–28, 1982; Laramie, University of Wyoming, 14 marzo-11 aprile / March 14–April 11, 1982; Canada, Banff Centre School of Fine Arts, Walter Phillips Gallery, 9 maggio-2 giugno / May 9–June 2, 1982; Arvada, CO, Arvada Center for the Arts and Humanities, 25 giugno-29 luglio / June 25–July 29, 1982; Santa Fe, New Mexico Museum of Fine Arts, 13 agosto-26 settembre / August 13–September 26, 1982; Austin, Laguna Gloria Art Museum, 29 ottobre-12 dicembre / October 29–December 12, 1982.

New York, Sonnabend Gallery, *Rauschenberg at Sonnabend: Photems*, 28 marzo-25 aprile / March 28–April 25.

Parigi / Paris, Musée National d'Art Moderne, Centre Georges Pompidou, *Rauschenberg Photographe*, 15 aprile-27 maggio / April 15–May 27. Trasferita a Marsiglia / Traveled to Marseille, Musée Cantini, 15 novembre-15 dicembre / November 15–December 15; Saint Étienne, Musée des Beaux-Arts, 6 gennaio-28 febbraio / January 6–February 28, 1982; Stoccolma / Stockholm, Moderna Museet, 15 marzo-30 aprile / March 15–April 30, 1982; Aarhus (Danimarca / Denmark), Aarhus Kunstmuseum, 22 maggio-15 giugno / May 22–June 15, 1982; Firenze / Florence, Forte di Belvedere, 2 luglio-27 agosto / July 2–August 27, 1982; Aachen (Germania / Germany), Neue Galerie, 10 settembre-17 ottobre / September 10–October 17, 1982.

Boston, Institute of Contemporary Art, *Photems*, 16 settembre-1 novembre / September 16–November 1.

Charleston, SC, Gibbes Art Gallery, *Photos In + Out City Limits: Charleston*, 27 ottobre-10 dicembre / October 27–December 10.

Boston, Magnuson Lee Gallery, *Photos In + Out City Limits: Boston*, 30 ottobre-12 dicembre / October 30–December 12.

Baltimora / Baltimore, Grimaldis Gallery, *Photos In + Out City Limits: Baltimore*, 5-29 novembre / November 5–29.

Los Angeles, Rosamund Felsen Gallery, *Photos In + Out City Limits: Los Angeles*, 31 dicembre 1981-23 gennaio 1982 / December 31, 1981–January 23, 1982.

1982

New York, Sonnabend Gallery, *Photos In + Out City Limits: New York C.*, 9-30 gennaio / January 9–30.

Sanibel Island, FL, Photographers' Gallery, *Photos In + Out City Limits: 6 Cities' 40*, 17-26 gennaio / January 17–26.

Fort Myers, FL, Edison Community College, Gallery of Fine Art, *The First Footage of the 1/4 Mile or 2 Furlong Piece*, 6-26 febbraio / February, 6–26.

Tokyo, Hara Museum of Contemporary Art, *Rauschenberg Print Exhibition*, 19 febbraio-11 aprile / February 19–April 11. Organizzata in collaborazione con / Organized in collaboration with Colorado State University, Fort Collins e / and Gemini G.E.L.

New York, Museum of Modern Art, *Rauschenberg in China*, 2 dicembre 1982-1 febbraio 1983 / December 2, 1982–February 1, 1983.

New York, Leo Castelli, 142 Greene Street, e / and Sonnabend Gallery, 112 and 136 Greene Street, *Rauschenberg on Greene Street: Kabal American Zephyr, Japanese Clay Works, Japanese Recreational Clayworks, 7 Characters, Chinese Summerhall*, 31 dicembre 1982-29 gennaio 1983 / December 31, 1982–January 29, 1983.

1983

Malmö (Svezia / Sweden), Malmö Konstmuseum, *Selections from 'In + Out City Limits: New York C.'*, 3 febbraio-14 marzo / February 3–March 14. Trasferita a / traveled to Gentofte (Danimarca / Denmark), Tranegården, 4-26 giugno / June 4–26; Aalborg (Danimarca / Denmark), Nordjyllands Kunstmuseum, 2 luglio-28 agosto / July 2–August 28; Esbjerg (Danimarca / Denmark), Esbjerg Art Museum, 3-25 settembre / September 3–25; Amburgo / Hamburg, Kunstverein, gennaio-febbraio / January–February, 1984.

Daytona, FL, Daytona Beach Community College, Gallery of Fine Arts, *Robert Rauschenberg: Photographer*, 16 maggio-19 giugno / May 16–June 19.

People's Republic of China, Jingxian, Art Center, *Robert Rauschenberg: 7 Characters, Unique Collages*, giugno-luglio / June–July.

Arles, Abbaye Montmajour, 14th International Festival of Photography, *Robert Rauschenberg: La Chine sur 33 metres* (*100 Feet Long China Picture*), 7 luglio-6 agosto / July 7–August 6.

Fort Myers, FL, Edison Community College, Gallery of Fine Art, *The Second Footage of the 1/4 Mile or 2 Furlong Piece*, 22 luglio-9 settembre / July 22–September 9.

Pesaro, Galleria Franca Mancini, *Rauschenberg/ Performance: 1954–1979*, 11 agosto-30 settembre / August 11–September 30. Trasferita in versione ampliata come / Expanded version traveled as *Rauschenberg/Performance: 1954–1984*, New York, Cooper Union, Arthur A. Houghton Jr. Gallery, 7-22 dicembre / December 7–22; Houston, Contemporary Arts Museum, 12 maggio-24 giugno / May 12–June 24, 1984; Cleveland Center for Contemporary Art, 7 settembre-8 ottobre / September 7–October 8, 1984; Raleigh, North Carolina Museum of Art, 18 dicembre 1984-17 febbraio 1985 / December 18, 1984–February 17, 1985; West Palm Beach, FL, Norton Gallery and School of Art, 9 aprile-23 marzo / March 9–April 23, 1985; Long Beach, California State University, University Art Museum, 15 luglio-15 settembre / July 15–September 15, 1985.

Baltimore, Maryland Institute, College of Art and G. H. Dalsheimer Gallery, *Images of China*, 12 ottobre-13 novembre / October 12–November 13.

Canberra, Australian National Gallery, *Robert Rauschenberg*, 5 dicembre 1983-31 gennaio 1984 / December 5, 1983–January 31, 1984.

1984

Basilea / Basel, Galerie Beyeler, *Rauschenberg*, 12 marzo-maggio / March 12–May.

Miami, Center for the Fine Arts, *The 1st 400 Feet*

or More than 1/2 a Furlong of the 1/4 Mile or 2 Furlong Piece, 5 maggio-2 luglio / May 5–July 2.
Saint-Paul-de-Vence, Fondation Maeght, *Robert Rauschenberg: Peintures récentes*, 12 maggio-30 giugno / May 12–June 30.
New York, Sonnabend Gallery, *Robert Rauschenberg: New Works*, 20 ottobre-17 novembre / October 20–November 17.
1985
Madrid, Fundación Juan March, *Rauschenberg*, 8 febbraio-24 marzo / February 8–March 24.
Sarasota, John and Mable Ringling Museum of Art, *Robert Rauschenberg: Works from the Salvage Series*, 20 marzo-19 maggio / March 20–May 19.
Mexico City, Museo Rufino Tamayo Arte Contemporáneo Internacional, *Rauschenberg Overseas Culture Interchange: ROCI MEXICO*, 17 aprile-23 giugno / April 17–June 23.
Santiago, Museo Nacional de Bellas Artes, *Rauschenberg Overseas Culture Interchange: ROCI CHILE*, 17 luglio-18 agosto / July 17–August 18.
Museo de Arte Contemporáneo de Caracas, *Rauschenberg Overseas Culture Interchange: ROCI VENEZUELA*, 12 settembre-27 ottobre / September 12–October 27.
Pechino / Beijing, National Art Museum of China, *Rauschenberg Overseas Culture Interchange: ROCI CHINA*, 18 novembre-8 dicembre / November 18–December 8.
Lhasa, Tibet Exhibition Hall, *Rauschenberg Overseas Culture Interchange: ROCI TIBET*, 2-23 dicembre / December 2–23.
Houston, Contemporary Arts Museum, *Robert Rauschenberg, Work from Four Series: A Sesquicentennial Exhibition*, 21 dicembre 1985-16 marzo 1986 / December 21, 1985–March 16, 1986. Trasferita a / Traveled to San Antonio, TX, Marion Koogler McNay Art Museum, 13 aprile-8 giugno / April 13–June 8, 1986; Dallas Museum of Art, 21 dicembre 1986-8 febbraio 1987 / December 21, 1986–February 8, 1987; Corpus Christi, TX, Art Museum of South Texas, 11 marzo-5 giugno / March 11–June 5, 1987.
1986
Houston, Contemporary Arts Museum, *Robert Rauschenberg: Photographs 1949–1984*, 28 febbraio-20 aprile / February 28–April 20.
Nizza / Nice, Espace Niçois d'Art et de Culture, *Robert Rauschenberg: Peindre, photographier*, 21 marzo-11 maggio / March 21–May 11.
Fort Myers, FL, Edison Community College, Gallery of Fine Art, *Rauschenberg: Newest Continuation of the 1/4 Mile or 2 Furlong Piece*, 22-26 marzo / March 22–26.
New York, Gagosian Gallery, *Rauschenberg: The White and the Black Paintings 1949–1952*, 18 aprile-31 maggio / April 18–May 31.
New York, Leo Castelli, *Rauschenberg: Gluts*, 1-29 novembre / November 1–29.
Tokyo, Setagaya Museum of Art, *Rauschenberg Overseas Culture Interchange: ROCI JAPAN*, 22 novembre-28 dicembre / November 22–December 28.
1987
New York, Metropolitan Museum of Art, *Selections from Rauschenberg's 1/4 Mile or 2 Furlong Piece*, 3 febbraio 1987-3 gennaio 1988 / February 3, 1987–January 3, 1988.
Fort Myers, FL, Edison Community College, Barbara Mann Performing Arts Hall Wall, *Robert Rauschenberg: Gluts*, 26 marzo-7 maggio / March 26–May 7.
Napoli / Naples, Galleria Lucio Amelio, *Rauschenberg: Neapolitan Glut*, 24 aprile-30 maggio / April 24–May 30.
Santa Monica, CA, BlumHelman Gallery, *Robert Rauschenberg: The Gluts*, 29 ottobre-5 dicembre / October 29–December 5.
Houston, Texas Gallery, *Summer Gluts*, 10 novembre-6 dicembre / November 10–December 6.
1988
New York, Pace/MacGill, *Robert Rauschenberg: New Pictures*, 21 gennaio-5 marzo / January 21–March 5.
L'Avana / Havana, Castillo de la Real Fuerza, Museo Nacional de Bellas Artes, e / and Casa de las Américas, Galería Haydée Santamaría, *Rauschenberg Overseas Culture Interchange: ROCI CUBA*, 10 febbraio-3 aprile / February 10–April 3.
New York, M. Knoedler, *Robert Rauschenberg: Shiners, Gluts, Urban Bourbons*, 5 novembre-1 dicembre / November 5–December 1.
1989
Mosca / Moscow, Central House of Artists, Tretyakov Gallery, *Rauschenberg Overseas Culture Interchange: ROCI USSR*, 2 febbraio-5 marzo / February 2–March 5.
Washington, DC, Hirshhorn Museum and Sculpture Garden, *Robert Rauschenberg Lithographs: Selections from the "Stoned Moon Series"*, 28 settembre 1989-16 gennaio 1990 / September 28, 1989–January 16, 1990.
Dallas, Southern Methodist University, Meadows Museum, *A Tribute to Rauschenberg: Works from Dallas Collections*, 2-25 novembre / November 2–25.
San Jose, CA, San Jose Museum of Art, *Jasper Johns and Robert Rauschenberg: Selections from the Anderson Collection*, 16 dicembre 1989-4 febbraio 1990 / December 16, 1989–February 4, 1990.
1990
New York, Lang and O'Hara, *Robert Rauschenberg: Paintings 1962–1980*, 1 febbraio-3 marzo / February 1–March 3. Trasferita a Londra / Traveled to London, Runkel-Hue-Williams, 3 maggio-7 giugno / May 3–June 7.
Berlino / Berlin, Neue Berliner Galerie, Altes Museum, *Rauschenberg Overseas Culture Interchange: ROCI BERLIN*, 10 marzo-1 aprile / March 10–April 1.
Kuala Lumpur, Balai Seni Lukis Negara (National Art Gallery), *Rauschenberg Overseas Culture Interchange: ROCI MALAYSIA*, 21 maggio-21 giugno / May 21–June 21.
New York, M. Knoedler, *Robert Rauschenberg: Works on Paper*, 30 maggio-6 luglio / May 30–July 6.
Arles, Palais de Luppé, Fondation Vincent Van Gogh, *Roy Lichtenstein, Robert Rauschenberg: 38 Oeuvres gravées de 1965 à 1989*, 7 luglio-31 ottobre / July 7–October 31.
New York, Whitney Museum of American Art, *Robert Rauschenberg: The Silkscreen Paintings, 1962–64*, 7 dicembre 1990-17 marzo 1991 / December 7, 1990–March 17, 1991.
1991
New York, M. Knoedler, *Robert Rauschenberg: New Works*, 13 febbraio-7 marzo / February 13–March 7.
Washington, DC, Le Marié Tranier Gallery, *Wax Fire Works and Other ROCI Editions*, 12 maggio-25 agosto / May 12–August 25.
Washington, DC, National Gallery of Art, *Rauschenberg Overseas Culture Interchange*, 12 maggio-2 settembre / May 12–September 2.

Washington, DC, Corcoran Gallery of Art, *Robert Rauschenberg: The Early 1950s*, 15 giugno-11 agosto / June 15–August 11. Organizzata da / Organized by The Menil Collection, Houston, e trasferita a / and traveled to Houston, The Menil Collection, 28 settembre 1991-5 gennaio 1992 / September 28, 1991–January 5, 1992; Chicago, Museum of Contemporary Art, 8 febbraio-19 aprile / February 8–April 19, 1992; San Francisco Museum of Modern Art, 14 maggio-16 agosto / May 14–August 16, 1992; New York, Guggenheim Museum SoHo, 24 ottobre 1992-24 gennaio 1993 / October 24, 1992–January 24, 1993.
Raleigh, City Gallery of Contemporary Art, *Robert Rauschenberg 1974–1991: Animals and Other Themes*, 14 sttembre-27 ottobre / September 14–October 27.
Roma / Rome, Galleria d'arte il Gabbiano, *Robert Rauschenberg: Dipinti recenti*, 18 novembre 1991-15 gennaio 1992 / November 18, 1991–January 15, 1992. Trasferita a Milano / Traveled to Milano, Appiani Arte Trentadue, 14 febbraio-14 marzo 1992 / February 14–March 14, 1992.
1992
New York, M. Knoedler, *Rauschenberg at Knoedler: Night Shades and New Gluts*, 1-29 febbraio / February 1–29.
Colonia / Cologne, Galerie Alfred Kren, *Robert Rauschenbergs Werkszyklen "Borealis" und "Night Shades"*, 4 aprile-9 maggio / April 4–May 9.
Salisburgo / Salzburg, Galerie Thaddaeus Ropac, *Robert Rauschenberg: Bilder und neue Arbeiten auf Papier*, 25 luglio-25 settembre / July 25–September 25.
Tampa Museum of Art, *Study for Chinese Summerhall*, 16 agosto-18 ottobre / August 16–October 18.
1993
Fort Myers, FL, Edison Community College, Gallery of Fine Art, *Rauschenberg*, 30 aprile-13 giugno / April 30–June 13.
New York, M. Knoedler, *Rauschenberg: Bicycloids, Urban Bourbons + Eco-Echo*, 8 maggio-4 giugno /May 8–June 4.
Hiroshima City Museum of Contemporary Art, *The Second Hiroshima Art Prize: Robert Rauschenberg*, 3 novembre 1993-16 gennaio 1995 / November 3, 1993–January 16, 1994.
1994
New York, Leo Castelli, 420 West Broadway e / and 65 Thompson Street, *Rauschenberg: Scores (Off Kilter Keys)*, 26 febbraio-26 marzo / February 26–March 26.
Hong Kong, Mandarin Oriental Fine Arts, *Rauschenberg: Day Lights and Night Sights*, 8-31 marzo / March 8–31.
Austin, University of Texas, Archer M. Huntington Art Gallery, *Head On: Image and Text in the Prints of Robert Rauschenberg*, 1 aprile-15 maggio / April 1–May 15.
Düsseldorf, Kunstsammlung Nordrhein-Westfalen, *Robert Rauschenberg*, 7 maggio-10 luglio / May 7–July 10.
Osaka, National Museum of Art, *Jasper Johns and Robert Rauschenberg*, 26 maggio-3 luglio / May 26–July 3.
Santander, Museo de Bellas Artes, *Robert Rauschenberg*, 15 novembre 1994-15 gennaio 1995 / November 15, 1994–January 15, 1995.
1995
Parigi / Paris, Galerie Templon, *Robert Rauschenberg: Shales Series*, 18 febbraio-22 marzo / February 18–March 22.
Basilea / Basel, Galerie Beyeler, *Robert Rauschenberg: Night Shades and Urban Bourbons*, 18 marzo-13 maggio / March 18–May 13.
Augusta, GA, Morris Museum of Art, *Robert Rauschenberg: Major Printed Works, 1962–1995*, 6 settembre-22 ottobre / September 6–October 22. Trasferita a / Traveled to Kansas City, Kemper Museum of Contemporary Art, 8 giugno-11 agosto / June 8–August 11, 1996.
Modern Art Museum of Fort Worth, *Robert Rauschenberg: Sculpture*, 22 ottobre-31 dicembre / October 22–December 31. Trasferita a / Traveled to Miami, Museum of Contemporary Art, 25 aprile-9 giugno / April 25–June 9, 1996.
1996
New York, Sonnabend Gallery, *Rauschenberg: Carnal Clocks, Cardboards, Jammers*, 6 gennaio-17 febbraio / January 6–February 17.
Burlington, University of Vermont, Robert Hull Fleming Museum, *The Print and Beyond: Robert Rauschenberg Editions 1970–1995*, 28 gennaio-19 aprile / January 28–April 19.
Venezia / Venice, Monastero Mechitarista dell'Isola di San Lazzaro degli Armeni, *Robert Rauschenberg*, 22 giugno-31 luglio / June 22–July 31.
New York, PaceWildenstein, *Robert Rauschenberg: Anagrams*, 19 settembre-19 ottobre / September 19–October 19. Trasferita a / Traveled to Beverly Hills, CA, PaceWildenstein, 15 novembre 1996-18 gennaio 1997 / November 15, 1996–January 18, 1997.
Savannah, GA, Savannah College of Art and Design, Exhibit A Gallery, *Icons of the Century: Centurions, Robert Rauschenberg*, 10 ottobre-19 novembre / October 10–November 19.
1997
Kuala Lumpur, Gallerie Taksu, *Robert Rauschenberg: New Works*, 16-20 gennaio / January 16–20. Trasferita a / Traveled to Singapore, Wetterling Teo Gallery, 24 gennaio-20 marzo / January 24–March 20.
Tampa Museum of Art, *Donald Saff/Robert Rauschenberg: In Collaboration*, 9 febbraio-27 aprile / February 9–April 27.
Praga / Prague, Czech Museum of Fine Arts, *Robert Rauschenberg: Tribute 21*, 13 febbraio-6 aprile / February 13–April 6.
Monaco / Munich, Aktionsforum Praterinsel, *Robert Rauschenberg: Haywire, Technologische Hauptwerke aus den sechziger Jahren* (Haywire, major technological works from the 1960s), 22 marzo-19 maggio / March 22–May 19.
New York, Solomon R. Guggenheim Museum, *Robert Rauschenberg: A Retrospective*, 19 settembre 1997-7 gennaio 1998 / September 19, 1997–January 7, 1998; New York, Guggenheim Museum SoHo, 19 settembre 1997-4 gennaio 1998 / September 19, 1997–January 4, 1998; e / and Los Angeles, Beverly Hills, CA, Ace Gallery, 19 settembre-9 novembre / September 19–November 9. Trasferita a / Traveled to Houston, Contemporary Arts Museum, The Menil Collection, e / and Houston, Museum of Fine Arts, 13 febbraio-17 maggio / February 13–May 17, 1998; Colonia / Cologne, Museum Ludwig, 27 giugno-11 ottobre / June 27–October 11, 1998; Guggenheim Museum Bilbao, 21 novembre 1998-7 marzo 1999 / November 21, 1998–March 7, 1999.

1998
Milano / Milan, Galleria Lawrence Rubin, *Robert Rauschenberg: Anagrams (A Pun)*, 29 gennaio-7 marzo / January 29–March 7.
Houston, Texas Gallery, *Robert Rauschenberg (Anagrams)*, 14 febbraio-11 aprile / February 14–April 11.
Nuova Delhi / New Delhi, National Gallery of Modern Art, *Robert Rauschenberg: Tribute 21*, 21 agosto-12 settembre / August 21–September 12.
Palma (Spagna / Spain), Museu d'Art Espanyol Contemporani, *Robert Rauschenberg: Obra gráfica 1967–1979*, 16 dicembre 1998-6 marzo 1999 / December 16, 1998–March 6, 1999. Organizzata da / Organized by Fundación Juan March, Madrid, in collaborazione con / in collaboration with Walker Art Center, Minneapolis. Trasferita a / Traveled to Cuenca (Spagna / Spain), Museo de Arte Abstracto Español, 12 marzo-13 giugno / March 12–June 13, 1999.

1999
Newport Beach, CA, Orange County Museum of Art, *Rauschenberg in Transparency*, 16 gennaio-18 aprile / January 16–April 18.
Youngstown, OH, Butler Institute of American Art, *Robert Rauschenberg/Darryl Pottorf*, 18 aprile-11 luglio / April 18–July 11.
San Francisco Museum of Modern Art, *Robert Rauschenberg*, 5 maggio-7 settembre / May 5–September 7.
Gainesville, FL, Samuel P. Harn Museum of Art, *Robert Rauschenberg: The Chinese Summerhall Series*, 30 maggio-26 settembre / May 30–September 26.
North Adams, Massachusetts Museum of Contemporary Art, *Robert Rauschenberg: The 1/4 Mile or 2 Furlong Piece*, 30 maggio 1999-9 aprile 2000 / May 30, 1999–April 9, 2000.
New York, Museum of Modern Art, *Robert Rauschenberg, Early Combines*, 1 luglio-5 ottobre / July 1–October 5.
St. Petersburg, FL, Museum of Fine Arts, *Robert Rauschenberg and James Rosenquist: Images from Everywhere, News from Nowhere*, 5 settembre-31 ottobre / September 5–October 31. Trasferita a / Traveled to Melbourne, FL, Brevard Museum of Art and Science, 2 dicembre 2000-25 febbraio 2001 / December 2, 2000–February 25, 2001.

2000
New York, Whitney Museum of American Art, *Robert Rauschenberg: Synapsis Shuffle*, 29 giugno-8 ottobre / June 29–October 8.
Evansville, IN, Evansville Museum of Arts and Science, *Robert Rauschenberg and Darryl Pottorf*, 27 agosto-26 novembre / August 27–November 26.
New York, PaceWildenstein, *Robert Rauschenberg: Apogamy Pods*, 17 novembre-30 dicembre / November 17–December 30.
Baltimore Museum of Art, *Robert Rauschenberg Combines: Painting and Sculpture*, 6 dicembre 2000-20 maggio 2001 / December 6, 2000–May 20, 2001.

2001
Houston, Texas Gallery, *Robert Rauschenberg: Short Stories*, 6 aprile-12 maggio / April 6–May 12.
Monaco / Munich, Versicherungskammer Bayern, *Rauschenberg: Posters*, 9 maggio-21 luglio / May 9–July 21. Trasferita ad Amburgo / Traveled to Hamburg, Museum für Kunst und Gewerbe, 31 agosto-28 ottobre / August 31–October 28; Meppen (Germania / Germany), Meppener Kunstkreis, 5 aprile-21 maggio / April 5–May 21, 2002.

2002
Fort Myers, FL, Edison Community College, Gallery of Fine Art, *Robert Rauschenberg: Short Stories*, 28 marzo-28 aprile / March 28–April 28.
Boston, Museum of Fine Arts, *Robert Rauschenberg: Recent Work*, 22 maggio-18 agosto / May 22–August 18.
Parigi / Paris, Musée Maillol, Fondation Dina Vierny, *Robert Rauschenberg*, 6 giugno-14 ottobre / June 6–October 14.
San Francisco Museum of Modern Art, *Robert Rauschenberg at SFMOMA*, 27 giugno-8 settembre / June 27–September 8.

2003
New York, PaceWildenstein, *Short Stories by Robert Rauschenberg*, 4 aprile-3 maggio / April 4–May 3.
Aspen, Museum Works Gallery, *Robert Rauschenberg*, apertura 11 agosto / opened August 11.

2004
Nashville, Vanderbilt University Fine Arts Gallery, *Robert Rauschenberg: An American Iconoclast*, 31 gennaio-18 marzo / January 31–March 18.
Hartford, CT, Wadsworth Atheneum, *Robert Rauschenberg: Current Scenarios*, 7 febbraio-5 settembre / February 7–September 5.
Ferrara, Palazzo dei Diamanti, *Rauschenberg*, 29 febbraio-6 giugno / February 29–June 6.
Hayward, California State University, University Art Gallery, *Robert Rauschenberg, Artist-Citizen: Posters for a Better World*, 28 ottobre 2004-22 gennaio 2005 / October 28, 2004–January 22, 2005. Organizzata da / Organized by Smithsonian Institution Traveling Exhibition Service. Trasferita a / Traveled to Columbus College of Art and Design, Canzani Center Gallery, 25 febbraio-16 aprile / February 25–April 16, 2005; Port Arthur, TX, Museum of the Gulf Coast, 13 agosto-23 ottobre / August 13–October 23, 2005; NEw Braunfels, TX, New Braunfels Museum of Art and Music, 12 novembre 2005-22 gennaio 2006 / November 12, 2005–January 22, 2006; Dallas Museum of Art, 5 novembre 2005-22 gennaio 2006 / November 5, 2005–January 22, 2006; Hempstead, NY, Hofstra Museum, Emily Lowe Gallery, 11 febbraio-23 aprile / February 11–April 23, 2006; Lincroft, NJ, Monmouth Museum, 13 maggio-23 luglio / May 13–July 23, 2006; Conway, AR, Baum University of Central Arkansas, Baum Gallery, 12 agosto-22 ottobre / August 12–October 22, 2006; Grand Rapids, MI, Calvin College, Center Art Gallery, 10 novembre 2006-20 gennaio 2007 / November 10, 2006–January 20, 2007; Norwich, CT, Rose City Renaissance Design Center, 10 febbraio-22 aprile / February 10–April 22, 2007; Conway, SC, Coastal Carolina University, Rebecca Randall Bryan Art Gallery, 10 febbraio-22 aprile / February 10–April 22, 2007; Fort Myers, FL, Edison College, Bob Rauschenberg Gallery, 11 gennaio-9 febbraio / January 11–February 9, 2008.

2005
State University of New York, Purchase College, Neuberger Museum of Art, *Robert Rauschenberg: Selections from the Permanent Collection*, 23 gennaio-17 aprile / January 23–April 17.
Miami Art Museum, *Robert Rauschenberg*, 4 marzo-3 luglio / March 4–July 3.
Los Angeles County Museum of Art, *Rauschenberg: Posters*, 10 marzo-12 giugno / March 10–June 12.
Valencia, Institut Valencia d'Art Modern, *Robert Rauschenberg*, 17 marzo-15 maggio / March 17–May 15.

Lafayette, University of Louisiana, Paul and Lulu Hilliard University Art Museum, *Robert Rauschenberg: Scenarios and Short Stories*, 21 maggio-3 settembre / May 21–September 3. Trasferita a / Traveled to Indiana University-Purdue University Indianapolis, Herron School of Art and Design, Herron Galleries, 10 settembre-8 ottobre / September 10–October 8; Savannah, GA, Telfair Museum of Art, Jepson Center for the Arts, 10 marzo-4 giugno / March 10–June 4, 2006.
Nizza / Nice, Musée d'Art moderne et d'Art contemporain, *Robert Rauschenberg, On and Off the Wall: Works from the 80s and the 90s*, 24 giugno 2005-8 gennaio 2006 / June 24, 2005–January 8, 2006. Trasferita a / Traveled to Aarhus (Danimarca / Denmark), Aarhus Kunstmuseum, 6 maggio-10 settembre / May 6–September 10, 2006.
East Hampton, NY, Guild Hall, *Robert Rauschenberg: Hoarfrosts*, 13 agosto-23 ottobre / August 13–October 23.
Washington, DC, The Ralls Collection, *Robert Rauschenberg: Works on Paper*, 22 ottobre 2005-28 gennaio 2006 / October 22, 2005–January 28, 2006.
New York, Metropolitan Museum of Art, *Robert Rauschenberg: Combines*, 20 dicembre 2005-2 aprile 2006 / December 20, 2005–April 2, 2006. Organizzata da / Organized by Museum of Contemporary Art, Los Angeles, in collaborazione con / in collaboration with Metropolitan Museum of Art, New York. Trasferita a / Traveled to Los Angeles, Museum of Contemporary Art, 21 maggio-4 settembre / May 21–September 4, 2006; Parigi / Paris, Musée National d'Art Moderne, Centre Georges Pompidou, 11 ottobre 2006-15 gennaio 2007 / October 11, 2006–January 15, 2007; Stoccolma / Stockholm, Moderna Museet, 17 febbraio-6 maggio / February 17–May 6, 2007.

2006

Stanford, CA, Stanford University, Iris and B. Gerald Cantor Center for Visual Arts, *Art from Life: Prints by Robert Rauschenberg from the Marmor Foundation and the Fearer Family Collection*, 28 aprile-24 settembre / April 28–September 24.
Madrid, Museo Thyssen-Bornemisza, *Rauschenberg: Express*, 7 novembre 2006-17 gennaio 2007 / November 7, 2006–January 17, 2007.
Seul / Seoul, Gallery Hyundai, *Robert Rauschenberg*, 13 dicembre 2006-7 gennaio 2007 / December 13, 2006–January 7, 2007.

2007

Houston, The Menil Collection, *Robert Rauschenberg: Cardboards and Related Pieces*, 23 febbraio-13 maggio / February 23–May 13.
Asheville, NC, Black Mountain College Museum and Arts Center, *Signs of Life: Robert Rauschenberg Posters*, 25 maggio-8 settembre / May 25–September 8.
Canberra, National Gallery of Australia, *Robert Rauschenberg: 1967–1978*, 1 settembre 2007-27 gennaio 2008 / September 1, 2007–January 27, 2008.
Atlanta, Emory University, Michael C. Carlos Museum, *Robert Rauschenberg's Currents: Features and Surface Series*, 15 settembre 2007-17 febbraio 2008 / September 15, 2007–February 17, 2008.
Porto, Museu de Arte Contemporânea de Serralves, *Robert Rauschenberg: Travelling '70–'76*, 26 ottobre 2007-30 marzo 2008 / October 26, 2007–March 30, 2008. Trasferita a Monaco / Traveled to Munich, Haus der Kunst, 9 maggio-14 settembre / May 9–September 14, 2008; Napoli / Naples, Museo d'Arte Contemporanea Donnaregina, 23 ottobre 2008-19 gennaio 2009 / October 23, 2008–January 19, 2009.
Washington, DC, National Gallery of Art, *Let the World In: Prints by Robert Rauschenberg from the National Gallery of Art and Related Collections*, 28 ottobre 2007-30 marzo 2008 / October 28, 2007–March 30, 2008.
Faurschou Pechino / Beijing, 798 Art District, *Robert Rauschenberg: Three Decades*, 24 novembre 2007-26 gennaio 2008 / November 24, 2007–January 26, 2008. Organizzata in collaborazione con / Organized in collaboration with PaceWildenstein, New York.

2008

Grand Rapids Art Museum, MI, *Robert Rauschenberg—Environmental Art*, 17 giugno-28 settembre / June 17–September 28.
Tampa, University of South Florida, Contemporary Art Museum, *Rauschenberg: USF*, 20 giugno-1 agosto / June 20–August 1.
Long Beach, CA, Long Beach Museum of Art, *Robert Rauschenberg in the Collection of the Long Beach Museum of Art*, 27 giugno-19 ottobre / June 27–October 19.
Rostock (Germania / Germany), Kunsthalle Rostock, *Close Encounter—Robert Rauschenberg—SEO*, 26 luglio-7 settembre / July 26–September 7.
Minneapolis Institute of Arts, *Robert Rauschenberg: Prints/Editions 1962–78*, 4 ottobre 2008-15 marzo 2009 / October 4, 2008–March 15, 2009.
Miami, Center for Visual Communication, *Robert Rauschenberg in Series: A 30 Year Retrospective*, 29 novembre 2008-31 gennaio 2009 / November 29, 2008–January 31, 2009.
Milwaukee, Marquette University, Haggerty Museum of Art, *Whatever Is There Is a Truth: Robert Rauschenberg's Prints*, 12 dicembre 2008-4 ottobre 2009 / December 12, 2008–October 4, 2009.

2009

Venezia / Venice, Peggy Guggenheim Collection, *Robert Rauschenberg: Gluts*, 30 maggio-20 settembre / May 30–September 20. Trasferita a Basilea / Traveled to Basel, Museum Tinguely, 14 ottobre 2009-17 gennaio 2010 / October 14, 2009–January 17, 2010; Bilbao, Guggenheim Museum, 12 febbraio-12 settembre / February 12–September 12, 2010; Varese, Villa e Collezione Panza, 14 ottobre 2010-27 febbraio 2011 / October 14, 2010–February 27, 2011.
Minneapolis, University of Minnesota, Frederick R. Weisman Art Museum, *Au Courant: Robert Rauschenberg's Currents*, 20 giugno-4 ottobre / June 20–October 4.
Ginevra / Geneva, Palais des Nations-United Nations Office, *Let the World In: A Commemorative Exhibition of the Works of Robert Rauschenberg*, 7 luglio-20 agosto / July 7–August 20.
Madison Museum of Contemporary Art, *Robert Rauschenberg: Stoned Moon Series*, 12 settembre 2009-3 gennaio 2010 / September 12, 2009–January 3, 2010, e / and *Signs of the Times: Robert Rauschenberg's America*, 13 settembre 2009-3 gennaio 2010 / September 13, 2009–January 3, 2010.
Basilea / Basel, Museum Tinguely, *Robert*

Rauschenberg—Jean Tinguely: Collaborations, 14 ottobre 2009-17 gennaio 2010 / October 14, 2009–January 17, 2010.
São Paulo, Instituto Tomie Ohtake, *Robert Rauschenberg*, 15 dicembre 2009-21 febbraio 2010 / December 15, 2009–February 21, 2010.
2010
Pasadena, Armory Center for the Arts, *Rauschenberg at Gemini*, 17 gennaio-21 marzo / January 17–March 21. Trasferita a / Traveled to Tulsa, Philbrook Museum of Art, 12 giugno-11 settembre / June 12–September 11, 2011; Grand Rapids, MI, Grand Rapids Art Museum, 3 febbraio-20 maggio / February 3–May 20, 2012; Palm Springs, CA, Palm Springs Art Museum, 3 marzo-28 giugno / March 3–July 28, 2013.
Cincinnati Art Museum, *Robert Rauschenberg: Star Quarters*, 9 aprile-30 agosto / April 9–August 30.
New York, West Twenty-first Street, Gagosian Gallery, *Robert Rauschenberg*, 29 ottobre 2010-15 gennaio 2011 / October 29, 2010–January 15, 2011.
Miami Art Museum, *Focus Gallery: Robert Rauschenberg*, 19 novembre 2010-10 aprile 2011 / November 19, 2010–April 10, 2011.
2011
Naples, FL, Patty and Jay Baker Naples Museum of Art, *Works by Robert Rauschenberg from the Dr. John B. and Frances C. Fenning Collection*, 12 gennaio-20 marzo / January 12–March 20.
Milano / Milan, Fondazione Arnaldo Pomodoro, *L'Inferno di Dante: Dalí e Rauschenberg*, 7 aprile-17 luglio / April 7–July 17.
Edinburgh, Royal Botanic Garden, Inverleith House, *Robert Rauschenberg: Botanical Vaudeville*, 27 luglio-2 ottobre / July 27–October 2. Organizzata in collaborazione con / Organized in collaboration with Robert Rauschenberg Foundation and Gagosian Gallery, New York.
Houston, Museum of Fine Arts, *Selected Prints by Robert Rauschenberg from the MFAH Collection*, 21 settembre-11 dicembre / September 21–December 11.
Norman, University of Oklahoma, Fred Jones Jr. Museum of Art, *Robert Rauschenberg: Prints from Universal Limited Art Editions, 1962–2008*, 1 ottobre-30 dicembre / October 1–December 30.
Minneapolis, Walker Art Center, *Dance Works I: Merce Cunningham/Robert Rauschenberg*, 3 novembre 2011-9 settembre 2012 / November 3, 2011–September 9, 2012.
2012
Grand Rapids, MI, Grand Rapids Art Museum, *Rauschenberg in Context* e / and *Rauschenberg at Gemini*, 3 febbraio-20 maggio / February 3–May 20; e anche / and also *Rauschenberg: Synapsis Shuffle*, 3 marzo-3 giugno / March 3–June 3. Organizzata da / Organized by Whitney Museum of American Art, New York.
New York, Craig F. Starr Gallery, *Robert Rauschenberg: North African Collages and Scatole Personali c. 1952*, 4 giugno-10 agosto / June 4–August 10.
Reading, PA, Albright College, Freedman Gallery, *Robert Rauschenberg's Opal Gospel*, 13 settembre-7 ottobre / September 13–October 7.
Berlin / Berlino, Museum für Gegenwart, Hamburger Bahnhof, *Robert Rauschenberg and 9 Evenings: Theatre & Engineering*, 1 3 ottobre 2012-30 giugno 2013 / October 13, 2012–June 30, 2013.
2013
Londra / London, Britannia Street, Gagosian Gallery, *Jammers*, 16 febbraio-28 marzo / February 16–March 28.
Nacogdoches, TX, Stephen F. Austin State University, College of Fine Arts, Cole Art Center, *Robert Rauschenberg: Four Decades of Work on Paper*, 23 aprile-31 agosto / April 23–August 31. Trasferita a / Traveled to Irving, TX, University of Dallas, Beatrice M. Haggerty Gallery, 4 ottobre-3 novembre / October 4–November 3; Midwestern State University, TX, Wichita Falls Museum of Art, 28 marzo-31 maggio / March 28–May 31, 2014.
2014
Long Beach, CA, Long Beach Museum of Art, *Rauschenberg: Cardbirds and Currents*, 6 febbraio-23 marzo / February 6–March 23.
New York, Craig F. Starr Gallery, *Robert Rauschenberg: The Fulton Street Studio, 1953–54*, 4 aprile-23 maggio / April 4–May 23.
New York, Leo Castelli, *Robert Rauschenberg: A Visual Lexicon*, 9 ottobre-20 dicembre / October 9–December 20.
Beverly Hills, CA, Gagosian Gallery, *Robert Rauschenberg: Works on Metal*, 1 novembre-13 dicembre / November 1–December 13.
St. Petersburg, FL, Museum of Fine Arts, *Robert Rauschenberg and James Rosenquist: Images from Everywhere, Prints and Photographs*, 15 novembre 2014-11 gennaio 2015 / November 15, 2014–January 11, 2015.
Stanford, CA, Stanford University, Iris and B. Gerald Cantor Center for Visual Arts, *Loose in Some Real Tropics: Robert Rauschenberg's "Stoned Moon" Projects, 1969–70*, 20 dicembre 2014-6 marzo 2015 / December 20, 2014–March 16, 2015.
2015
Madrid, Museo Thyssen-Bornemisza, *Gilt (1983) by Robert Rauschenberg*, 10 febbraio-31 maggio / February 10–May 31.
University of Wisconsin-Milwaukee Art History Gallery, *Global Matters: Rauschenberg Print Media 1968–1975*, 22 aprile-9 maggio / April 22–May 9.
Newport Beach, CA, Orange County Museum of Art, *Selections: Robert Rauschenberg*, 28 giugno-11 ottobre / June 28–October 11.
Cleveland Museum of Art, *Gloria: Robert Rauschenberg and Rachel Harrison*, 1 giugno-25 ottobre / July 1–October 25.
Seattle Art Museum, *Robert Rauschenberg: Art and Life in Real Time*, 29 agosto 2015-17 luglio 2016 / August 29, 2015–July 17, 2016.
Easton, MD, Academy Art Museum, *Rauschenberg: Kyoto, Sri Lanka, and Thai Drawings*, 24 ottobre 2015-6 marzo 2016 / October 24, 2015–March 6, 2016, e / and *Robert Rauschenberg: ROCI Works from the National Gallery of Art*, 5 dicembre 2015-6 marzo 2016 / December 5, 2015–March 6, 2016.
2016
New Canaan, CT, Glass House, *Robert Rauschenberg: Spreads and Related Works*, 1 maggio-15 agosto / May 1–August 15.
Pechino / Beijing, Ullens Center for Contemporary Art, *Rauschenberg in China*, 12 giugno-21 agosto / June 12–August 21.
Pérez Art Museum Miami, *Project Gallery: Robert Rauschenberg*, 17 giugno-9 ottobre / June 17–October 9.
Parigi / Paris, Marais, Galerie Thaddaeus Ropac, *Robert Rauschenberg: Salvage*, 14 ottobre 2016-14 gennaio 2017 / October 14, 2016–January 14, 2017.

Londra / London, Tate Modern, *Robert Rauschenberg*, 1 dicembre 2016-2 aprile 2017 / December 1, 2016–April 2, 2017. Trasferita a / Traveled to New York, Museum of Modern Art, come / as *Robert Rauschenberg: Among Friends*, 21 maggio-17 settembre / May 21–September 17, 2017; San Francisco Museum of Modern Art, come / as *Robert Rauschenberg: Erasing the Rules*, 18 novembre 2017-25 marzo 2018 / November 18, 2017–March 25, 2018.

2017

New York, University of Rochester, Memorial Art Gallery, *Robert Rauschenberg: Making History*, 20 gennaio-30 aprile / January 20–April 30.
Venezia / Venice, Faurschou Foundation at Fondazione Giorgio Cini, *Robert Rauschenberg: Late Series* and *Us Silkscreeners...*, 12 maggio-27 agosto / May 12–August 27.
Berlin / Berlino, Museum für Gegenwart, Hamburger Bahnhof, *Robert Rauschenberg Posters*, 14 luglio-8 ottobre / July 14–October 8.
Waterbury, CT, Mattatuck Museum, *Ruminations: Robert Rauschenberg*, 19 novembre 2017-11 febbraio 2018 / November 19, 2017–February, 11, 2018. Trasferita a / Traveled to New London, CT, Lyman Allyn Art Museum, come / as *Robert Rauschenberg: Ruminations*, 8 giugno-11 agosto 2019 / June 8–August 11, 2019.

2018

Phoenix Art Museum, *Rauschenberg and Johns: The Blurring of Art and Life*, 14 luglio 2018-7 febbraio 2019 / July 14, 2018–February 17, 2019.
Los Angeles County Museum of Art, *Rauschenberg: In and About L.A.*, 11 agosto 2018-10 febbraio 2019 / August 11, 2018–February, 10, 2019.
Los Angeles County Museum of Art, *Rauschenberg: The 1/4 Mile*, 28 ottobre 2018-9 giugno 2019 / October 28, 2018–June 9, 2019.
Londra / London, Galerie Thaddaeus Ropac, *Robert Rauschenberg: Spreads 1975–83*, 29 novembre 2018-9 febbraio 2019 / November 29, 2018–February, 9, 2019.

2019

Princeton University Art Museum, *Time Capsule, 1970: Rauschenberg's Currents*, 19 gennaio-10 febbraio / January 19–February, 10. Trasferita a / Traveled to New York, Vassar College, Frances Lehman Loeb Art Center, 26 giugno-19 settembre / June 26–September 19, 2021.
Salisburgo / Salzburg, Galerie Thaddaeus Ropac, *Robert Rauschenberg: Borealis 1988–92*, 12 aprile-31 maggio / April 12–May 31.
Vancouver Art Gallery, *Robert Rauschenberg 1965–1980*, 6 luglio 2019-26 gennaio 2020 / July 6, 2019–January 26, 2020.
Charleston, SC, Gibbes Museum of Art, *Rauschenberg in Charleston*, 13 dicembre 2019-5 gennaio 2020 / September 13, 2019–January 5, 2020.
Pace Seoul, *Rauschenberg Against the Grid: Drawings, 1983*, 19 settembre-9 novembre / September 19–November 9.

2020

West Palm Beach, FL, Norton Museum of Art, *Robert Rauschenberg: Five Decades from the Whitney's Collection*, 21 febbraio-6 dicembre / Febrary 21–December 6.
Parigi / Paris, Marais, Galerie Thaddaeus Ropac, *Robert Rauschenberg: Night Shades and Phantoms*, 22 ottobre-5 dicembre / October 22–December 5.
Valencia, Institut Valencià d'Art Modern, *Study Case: Glacial Decoy, Robert Rauschenberg–Trisha Brown*, 19 novembre 2020-18 aprile 2021 / November 19, 2020–April 18, 2021.

2021

New York, Pace Gallery, *Robert Rauschenberg: Channel Surfing*, 10 settembre-23 ottobre / September 10–October 23.

2022

Salisburgo / Salzburg, Galerie Thaddaeus Ropac, *Robert Rauschenberg: Japanese Clayworks*, 8 aprile-9 luglio / April 8–July 9.
New York, Mnuchin Gallery, *Robert Rauschenberg: Exceptional Works, 1971–1999*, 3 maggio-11 giugno / May 3–June 11.
New York, Gladstone Gallery, *Rauschenberg: Venetians and Early Egyptians, 1972–1974*, 4 maggio-8 giugno / May 4–June 18.
Seul / Seoul, Galerie Thaddaeus Ropac, *Robert Rauschenberg: Copperheads 1985 / 89*, 3 novembre-23 dicembre / November 3–December 23.

2023

New York, Gladstone Gallery, *Robert Rauschenberg: Spreads and Scales*, 3 maggio-17 giugno / May 3–June 17.

2024

Londra / London, Galerie Thaddaeus Ropac, *Robert Rauschenberg ROCI*, 24 aprile-3 agosto / April 24–August 3.
Santa Barbara, CA, Santa Barbara Museum of Art, *Robert Rauschenberg Autobiography: Works from the Collection*, 16 giugno-3 novembre / June 16–November 3.
New York, Gladstone 64, *Robert Rauschenberg: Arcanums*, 21 settembre-2 novembre / September 21–November 2.

2025

Sarasota, FL, John and Mable Ringling Museum of Art, *Robert Rauschenberg: A Centennial Celebration*, 1 marzo-3 agosto / March 1–August 3.
New York, Gladstone Gallery, *Robert Rauschenberg: Sympathy for Abandoned Objects*, 1 maggio-14 giugno / May 1–June 14.
Museum of the City of New York, *Robert Rauschenberg's New York: Pictures from the Real World*, 13 settembre 2025-22 marzo 2026 / September 13, 2025–March 22, 2026.
Houston, The Menil Collection, *Robert Rauschenberg: Fabric Works of the 1970s*, 19 settembre 2025-1 marzo 2026 / September 19, 2025–March 1, 2026.
Madrid, Fundación Juan March, *Robert Rauschenberg: The Use of Images*, 3 ottobre 2025-18 gennaio 2026 / October 3, 2025–January 18, 2026.

Ugo Mulas, *Robert Rauschenberg nel suo studio di Broadway / in his Broadway studio*, New York, 1965

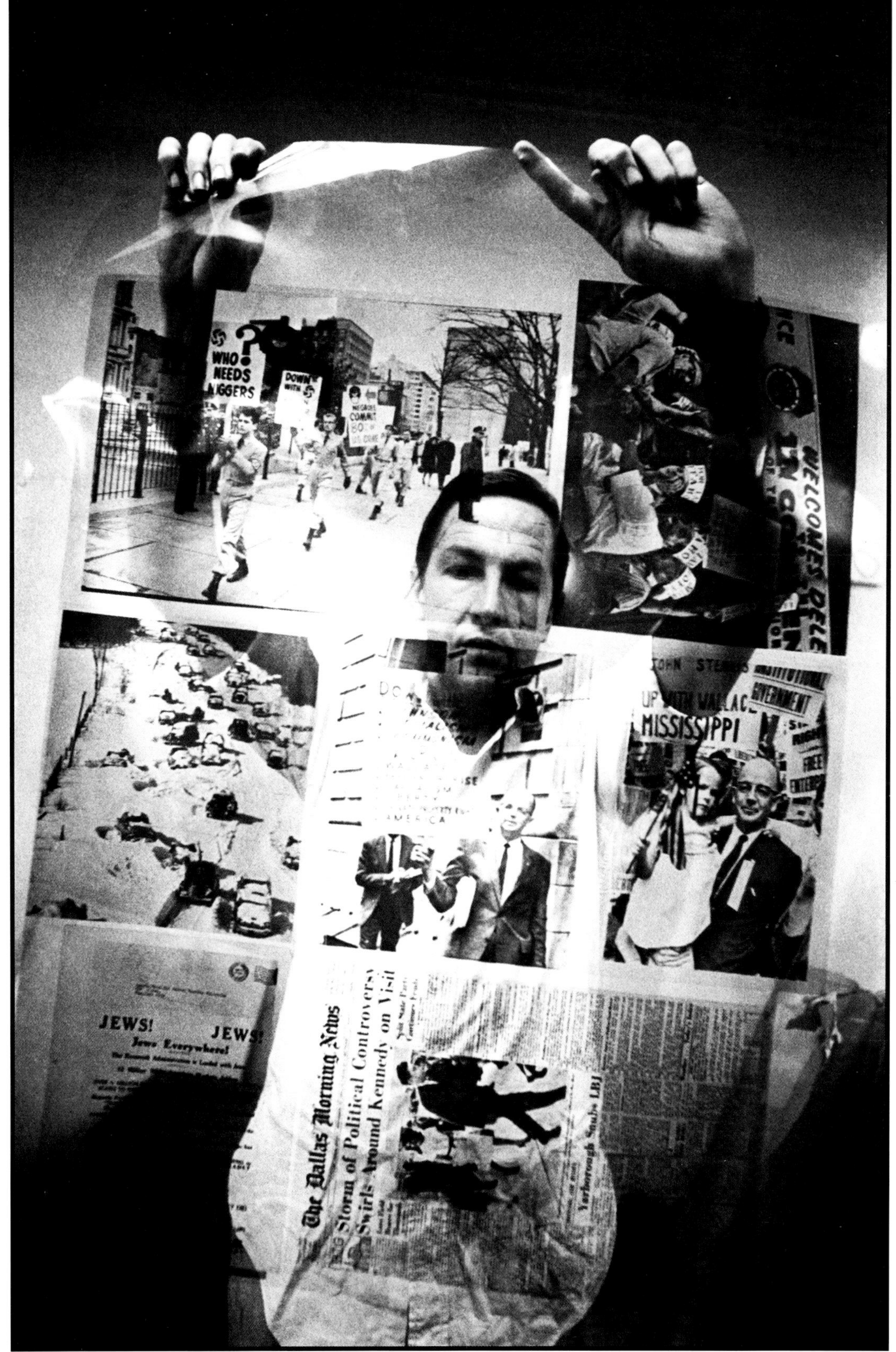

WHO NEEDS NIGGERS
DOWN WITH
WELCOMES
GOVERNMENT
MISSISSIPPI
FREE
AMERICA
JEWS! JEWS!
Jews Everywhere!
The Dallas Morning News
Storm of Political Controversy
Swirls Around Kennedy on Visit
Yarborough Snubs LBJ

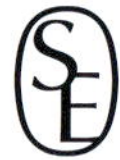

Silvana Editoriale

Direttore generale / General Director
Michele Pizzi

Direttore editoriale / Editorial Director
Sergio Di Stefano

Art Director
Giacomo Merli

Coordinamento redazionale / Editorial Coordinator
Maria Chiara Tulli

Redazione / Copy Editing
Elisa Penserini

Traduzione / Translation
Contextus, Pavia (Christine Guthry)

Impaginazione / Layout
Claudia Brambilla

Coordinamento di produzione / Production Coordinator
Antonio Micelli

Segreteria di redazione / Editorial Assistant
Giulia Mercanti

Ufficio iconografico / Photo Editor
Silvia Sala, Barbara Miccolupi

Ufficio stampa / Press Office
Alessandra Olivari, press@silvanaeditoriale.it

ISBN 9788836662180

In copertina / Cover
Robert Rauschenberg, *Summer Glut Fence*, 1987, parti metalliche e in plastica assemblate / assembled metal and plastic, 107 × 220 × 19 cm. Courtesy of Thaddaeus Ropac, London, Paris, Salzburg, Milan, Seoul

A pagina 2 / On page 2
Robert Rauschenberg lavora ai costumi di / working on costumes for *Set and Reset* (1983) di / by Trisha Brown presso / at Larry B. Wright Art Productions, 1983.
Photo: Terry Van Brunt. Photograph Collection. Robert Rauschenberg Foundation Archives, New York

Tutte le immagini delle sale raffigurano l'allestimento della mostra *Rauschenberg e il Novecento* / All installation views are from the exhibition *Rauschenberg and the Twentieth Century*, Museo del Novecento, Milano / Milan. Photo: Studio Marco Bertoli, pp. 10-14, 26-29, 36-39, 48-51, 60-63

Crediti fotografici / Photo credits
The Menil Collection, Houston, p. 20
© Pace Gallery, New York, p. 21
Schroeder Collection - Asgard Group, p. 24
Archivio Mario Ceroli, pp. 28-29
Photo: Peter Moore © Barbara Moore. Photograph Collection. Robert Rauschenberg Foundation Archives, New York, pp. 32, 35
Photo: Ron Amstutz, pp. 23, 43, 57
Photo: Donald Saff. Photograph Collection. Robert Rauschenberg Foundation Archives, New York, p. 44
© Giulio Paolini, pp. 50-51
Photo: Rachel Rosenthal. Photograph Collection. Robert Rauschenberg Foundation Archives, New York, p. 54
Courtesy Studio Eliseo Mattiacci, pp. 60-63
© Marco Gastini, pp. 62-63
Fotografie Ugo Mulas © Eredi Ugo Mulas. Tutti i diritti riservati, p. 95

Silvana Editoriale S.p.A.
via dei Lavoratori, 78
20092 Cinisello Balsamo, Milano
tel. 02 453 951 01
www.silvanaeditoriale.it

Le riproduzioni, la stampa e la rilegatura sono state eseguite in Italia
Reproductions, printing and binding in Italy
Stampato da / Printed by
Galli Thierry Stampa S.r.l., Milano
Finito di stampare nel mese di giugno / Printed June 2025